W9-AMB-293

Pasión
por el
chocolate

Para ti, Victoire

Pasión
por el
chocolate

RECETAS CALIENTES
Y FRÍAS DE PASTELES,
MOUSSES, TARTAS,
HELADOS...

TRISH DESEINE

El chocolate, esa maravilla: pastel, mousse, bebida, tableta...
Caliente, tibio, frío o helado, siempre diferente.
¿Qué otro elemento, con sólo fundirlo, ofrece tantas posibilidades en la cocina?

El chocolate está en todas partes, hasta en telas y materiales empleados en moda y decoración... y sobre todo está en nuestros platos, dulces o salados. Hay quien incluso se unta con chocolate para nutrir su piel reseca y alisar las arrugas. En cualquier lugar podemos hallar información sobre sus orígenes, su historia, su fabricación y sus beneficios.

Ante esta fiebre casi empalagosa, he querido situar de nuevo el chocolate donde considero su verdadero lugar: entre la sensualidad, la nostalgia, la emoción y la pura gula.

Por ello, he dividido este libro en capítulos que corresponden a diversos momentos de nuestras vidas y en recetas que reflejan nuestras genuinas necesidades de chocolate. Nunca se nos ocurriría preparar un sándwich de chocolate para unos invitados a cenar, del mismo modo que nunca nos pasaríamos medio día elaborando un pastel cuando sufrimos un pequeño bajón de ánimo y necesitamos premiarnos con una o dos pastillas.

Como veremos, todas las recetas y consejos reunidos en esta obra son realmente muy fáciles de realizar. Si lo he conseguido yo, cocinera autodidacta, perezosa, impaciente y desorganizada, para usted será pan comido.

Así pues, no espere más... ¡apasiónese por el chocolate!

Chocolate en kit

Unos consejos antes de empezar

Ya que nos encontramos ante un libro sobre el chocolate, ¡vale la pena respetar las reglas!

1 Sea muy exigente con la calidad del chocolate. Si no tiene más remedio que adquirirlo en una gran superficie, no se contente con los productos de gama baja: compre lo mejor. Procure utilizar siempre productos de mantequilla de cacao pura.
El chocolate negro debe contener más de un 60 % de cacao, y el chocolate con leche, más del 30 %. Dejemos el chocolate muy amargo (más del 72 %) para recetas experimentales.

Hágase a la idea de que este tipo de chocolate no fundirá tan bien ni poseerá la misma complejidad o variedad de aromas que un chocolate de cobertura comprado en chocolaterías, confiterías o tiendas especializadas.

2 No se deje llevar por el esnobismo actual en cuanto al porcentaje de cacao en el chocolate. Un chocolate con un 80 % de cacao no tiene por qué ser mejor para su pastel que otro que sólo contenga un 64 %. Por el contrario, este último casará mejor con los demás ingredientes. Siga siempre sus propias preferencias.

3 No considere el chocolate con leche ni el chocolate blanco como subproductos; algunos son excelentes. A menudo, suponen un ingrediente tan delicioso para elaborar mezclas refinadas como el chocolate negro.

4 He procurado no dar en este libro demasiados detalles inútiles ni explicaciones complicadas; sin embargo, es muy importante respetar las reglas que indico a continuación.

Mantequilla a punto de pomada Es decir, muy blanda y cremosa, pero homogénea y no fundida. Resulta primordial para poder batirla bien con el azúcar o los huevos. Hay que dejarla calentar a la temperatura ambiente: no la introduzca en el microondas ni la coloque sobre una superficie caliente.

Harina Yo utilizo harina para repostería. Procure tamizarla siempre (junto con la levadura y el cacao, si la receta lo indica).

Cacao en polvo Sin azúcar y de buena calidad; mejor si está tamizado.

Huevos De tamaño mediano. Antes de batir las claras, déjelas alcanzar la temperatura ambiente.

Untar / enharinar / forrar el molde Hágalo así si lo indica la receta; evite actuar por su cuenta y riesgo.

Nata líquida Procure adquirirla fresca: la nata UHT no tiene el mismo sabor.

Nata fresca Debe ser de primera calidad, como el resto de ingredientes.

Tamaño de los moldes Un detalle que puede cambiarlo todo. Intente respetar las indicaciones. Si lleva a cabo un experimento y da buen resultado... hágamelo saber.

Fundir al baño María o al microondas Yo utilizo chocolate de cobertura, que funde muy fácilmente en el microondas. Una regla básica: detenga a menudo el horno y remueva bien el preparado a medida que se va haciendo, sobre todo si hay que fundir mantequilla y / o crema con el chocolate.
Si no utiliza chocolate de cobertura, pruebe si funde mejor en el microondas o al baño María, sobre todo si es para hacer un envoltorio o un moldeado. Cuidado con el agua: no deje que llegue a hervir o el chocolate se quemará y se manchará por el vapor. No añada nunca agua ni sustancias grasas al fundir el chocolate, a menos que la receta lo indique.

Tiempos y temperatura de cocción Se dan a título de orientación. Supervise siempre sus preparados mientras se cuecen. Si su horno es de calor envolvente, reste unos 10 °C.

Los mejores brownies

Éste es uno de los pasteles más conocidos y apreciados en Estados Unidos. Olvídese para siempre de los horribles pastelillos de fábrica y hágalos usted mismo con auténtico chocolate.

Para unos diez brownies
10 minutos de preparación
30 minutos de cocción

2 boles
1 molde cuadrado o rectangular, o un plato para gratinar.

225 g de azúcar
120 g de chocolate negro
90 g de mantequilla
2 huevos batidos
90 g de harina
50 g de avellanas o de nueces de macadamia tostadas y trituradas, o nueces de pacana trituradas.

Calentar el horno a 180 °C.
Untar con mantequilla un molde cuadrado de unos 20 cm de lado o un plato para gratinar rectangular de aproximadamente la misma capacidad.
Fundir la mantequilla y el chocolate en el microondas o al baño María y dejar enfriar ligeramente. Añadir los huevos batidos y a continuación el azúcar y la harina. Mezclar rápidamente pero con delicadeza y después incorporar las avellanas. Verter en el molde y cocer durante una media hora. El exterior debe quedar crujiente y el interior mullido. Dejar que se enfríe un poco antes de sacar del molde. Degustar aún caliente con gelatina de vainilla o nata fresca.

CONSEJO • También puede obtener un postre cortando pedazos con un cortador redondo. Sirva después de verter salsa de chocolate (véase p. 18) sobre la gelatina dispuesta encima del brownie.

Pastel muy ligero

Una receta de *sponge cake* (pastel esponjoso) de mi infancia en Irlanda. A mis hijos les encanta esta genovesa ligera.

Para 8 personas
5 minutos de preparación
25 minutos de cocción

1 fuente
1 batidora eléctrica
2 moldes hondos de 20 cm de diámetro

225 g de mantequilla muy blanda o margarina
225 g de azúcar
4 huevos
225 g de harina
4 cucharadas soperas de cacao en polvo mezcladas con 4 cucharadas soperas de agua caliente
2 cucharaditas de levadura química

Calentar el horno a 180 °C.
Untar con mantequilla y harina los dos moldes. Poner todos los ingredientes en la fuente y batir con la batidora eléctrica hasta obtener una mezcla homogénea. Verter en los dos moldes y calentar durante 25 minutos. La parte superior del pastel debe quedar mullida al tacto. Sacar del horno y dejar enfriar unos minutos. Sacar luego del molde y colocar sobre una rejilla.
Rellenar con nata líquida batida o, como en Irlanda, con crema de mantequilla (véase p. 16).

Variantes

Para una genovesa de café: en lugar de la mezcla de cacao y agua, disolver dos cucharadas soperas de café instantáneo en los huevos batidos antes de añadirlos al resto de la mezcla. Rellenar con crema de chocolate o crema de mantequilla (véase p. 16). Para una genovesa nature, prescindir del cacao y del agua. Se rellena con una crema de chocolate o de mantequilla de chocolate (véase p. 16)

Pastel de chocolate negro y almendras

Para 8 personas
10 minutos de preparación
50 minutos de cocción
Preparar el día anterior si es posible

1 bol
1 fuente
1 robot de cocina
1 molde hondo de 20 cm de diámetro

200 g de chocolate negro en trocitos
5 huevos de los que se habrán separado las claras de las yemas
180 g de azúcar
100 g de mantequilla a punto de pomada
100 g de almendras en polvo
75 g de harina
1 cucharadita de levadura química

Untar con mantequilla y enharinar el molde.
Calentar el horno a 180 °C.
Fundir la mantequilla y el chocolate en el microondas o al baño María. Retirar del fuego y añadir las yemas de huevo y después el azúcar.
Verter el preparado en el robot; añadir las almendras, la levadura y la harina.
Montar las claras a punto de nieve e incorporarlas al preparado con ayuda de una cuchara de palo, en tres tandas.
Echarlo todo en el molde y calentar durante unos 50 minutos.
El pastel debe estar mullido al tacto en la parte central.
Dejar enfriar unos minutos, depositar en una rejilla y dejar enfriar completamente.

CONSEJO • Como la mayoría de pasteles de chocolate, es mejor envolverlo bien y esperar al día siguiente para degustarlo ¡sabrá mucho mejor! Servir con uno o varios de los complementos de las páginas 16 y 18.

Pastel de chocolate fundido de Nathalie

A raíz de los numerosos comentarios entusiastas que ha suscitado (algunos a cargo de maestros reposteros muy conocidos), esta receta se ha convertido en uno de mis «clásicos». No olvide preparar este pastel la noche anterior, o por la mañana si piensa servirlo por la tarde.

Para 6-8 personas
5 minutos de preparación
22 minutos de cocción
Preparar el día anterior si es posible

1 bol
1 fuente
1 molde hondo de 20 cm de diámetro

200 g de chocolate negro
200 g de mantequilla
5 huevos
1 cucharada sopera de harina
250 g de azúcar

Calentar el horno a 190 °C.
Fundir conjuntamente el chocolate y la mantequilla, en el microondas o al baño María.
Añadir el azúcar y dejar enfriar un poco.
Incorporar los huevos uno a uno removiendo bien con una cuchara de madera tras añadir cada huevo.
Finalmente, añadir la harina y alisar bien la mezcla. Verter en el molde y calentar durante 22 minutos. El pastel debe quedar ligeramente tembloroso en el centro.
Retirar del horno, sacar enseguida del molde y dejar enfriar y reposar.

CONSEJO • Servir con uno o varios de los complementos de las páginas 24 y 26.

Pastel muy rico sin harina ni batidora

Sólo necesitará un bol, una fuente, un tenedor y un molde hondo para confeccionar este pastel denso y rico.

Para 8-10 personas
15 minutos de preparación
45 minutos de cocción
Preparar el día anterior a ser posible

1 bol
1 fuente
1 molde hondo de 24 cm de diámetro

430 g de mantequilla
430 g de chocolate negro
8 huevos
180 g de azúcar
30 cl de nata líquida

Calentar el horno a 180 °C.
Untar con mantequilla el molde. Fundir la mantequilla, la nata y el chocolate en el microondas o al baño María. Añadir el azúcar y remover bien para que se disuelva. En un bol grande, batir ligeramente los huevos con un batidor o un tenedor y añadirlos a la mezcla. Remover bien hasta que ésta sea homogénea. Verter en el molde y calentar unos 40 minutos. Dejar enfriar en el molde colocado sobre una rejilla. Cuando el pastel se haya enfriado, sacarlo del molde y envolverlo bien para dejarlo reposar una noche en el frigorífico.
Se puede glasear el pastel o espolvorearlo con cacao en polvo y / o azúcar glas.
Servir con uno o varios de los complementos de las páginas 24 y 26.

Pastel de chocolate fundido de Nathalie

NI JARABE DE AZÚCAR, NI HUEVO. Provéase de buen chocolate y todo irá bien. Ya no tendrá excusa para lograr estupendos postres glaseados, guarnecidos o forrados.

Glaseado simple al chocolate negro

Para una superficie de unos 22 cm²
2 minutos de preparación

1 bol
1 hoja de guitarra o 1 hoja de papel sulfurizado
1 rejilla para pasteles

200 g de chocolate negro
100 g de mantequilla
4 cucharadas soperas de agua

Fundir lentamente todos los ingredientes en el microondas o al baño María. Mezclar para que el glaseado quede perfectamente liso. Sobre la hoja de guitarra o de papel sulfurizado, colocar la rejilla y encima de ésta el pastel. Glasear esparciendo el preparado, que habremos dejado enfriar un poco.

Ganaché super sencilla

Como relleno y como cobertura de un pastel
de unos 22 cm de diámetro
5 minutos de preparación

2 boles
1 batidora eléctrica
1 espátula o 1 cuchillo ancho

300 g de chocolate negro
300 g de nata líquida

Llevar la nata al punto de ebullición y verterla sobre el chocolate. Dejar que la nata haga fundir un poco el chocolate y remover para obtener una mezcla lisa y brillante.
Poner la ganaché diez minutos en el frigorífico. Una vez enfriada, batirla con la batidora hasta obtener una mezcla cremosa.
Aplicar la ganaché con la espátula.

Crema de mantequilla clásica

Como relleno y como cobertura de un pastel
de unos 22 cm de diámetro
5 minutos de preparación

1 batidora eléctrica
1 bol

500 g de azúcar glas
200 g de mantequilla, mejor en pomada
2 cucharadas soperas de cacao en polvo disueltas en 3 cucharadas soperas de agua caliente.

Batir todos los ingredientes hasta obtener una mezcla homogénea y ligera.

Crema de mantequilla muy rica

Porque las otras son bastante ligeras…

Como relleno y como cobertura
de un pastel de unos 22 cm de diámetro
5 minutos de preparación

1 bol grande

150 g de chocolate negro
50 g de mantequilla
5 cucharadas soperas de leche
250 g de azúcar glas

Fundir el chocolate y la mantequilla con la leche, en el microondas o al baño María.
Retirar del fuego, incorporar el azúcar glas y mezclar bien. Dejar enfriar antes de recubrir el pastel.

Crema de mantequilla al chocolate blanco

Como relleno y como cobertura de un pastel
de unos 22 cm de diámetro
5 minutos de preparación

2 boles
1 batidora eléctrica

250 g de chocolate blanco o con leche
100 g de mantequilla en pomada
5 cucharadas soperas de mascarpone
2 cucharadas soperas de azúcar glas

Fundir el chocolate blanco en el microondas o al baño María. Batir la mantequilla y el mascarpone con una batidora eléctrica. Añadir el chocolate fundido y después el azúcar glas, batiendo hasta que la mezcla quede bien cremosa.

Salsa de chocolate blanco, con leche o negro

Para 6 personas
5 minutos de preparación

1 fuente
1 cacerola

20 cl de nata líquida
200 g de chocolate blanco
o 150 g de chocolate con leche o negro
10 cl de leche entera

Llevar a ebullición la nata y la leche. Verterlas sobre el chocolate y remover bien. Servir caliente o dejar enfriar.

Chocolate salsa *fudge*

Para 6 personas
5 minutos de preparación

1 cacerola

200 g de azúcar de caña
50 g de mantequilla
300 g de nata líquida
180 g de chocolate negro

Calentar la mantequilla, la nata y el azúcar de caña hasta que este último quede completamente disuelto. Añadir el chocolate y removerlo para fundirlo. Dejar enfriar antes de servir.

Variantes

Chocolate – café

Disolver 2 cucharadas de café soluble en la nata antes de añadir el chocolate negro.

Chocolate – naranja

Añadir la ralladura de la piel de una naranja a la salsa todavía caliente.

Salsa al café irlandés

Para 6 personas
5 minutos de preparación

1 cacerola de fondo grueso

220 g de azúcar
25 cl de café fuerte
2 cucharadas soperas de whisky irlandés

Hacer un caramelo con el azúcar y 1 cl de agua. Añadir el café y dejar enfriar antes de verter el whisky.

Crema inglesa de chocolate negro o blanco

Para 6-8 personas
5 minutos de preparación
5 minutos de cocción
Dejar enfriar 2 horas

1 cacerola
1 bol
1 batidora eléctrica

50 cl de leche entera
5 yemas de huevo
60 g de azúcar
60 g de chocolate negro
o 100 g de chocolate blanco
40 g más de azúcar (opcional)
1 ramita de vainilla (opcional)

Poner la leche a calentar, sin que llegue a hervir. Batir las yemas de huevo con el azúcar hasta que la mezcla blanquee y doble su volumen. Verter la leche caliente sobre las yemas, removiendo al mismo tiempo.
Poner la crema a fuego fuerte, removiendo sin cesar.
Cocer hasta que la crema esté lo bastante espesa como para pegarse al dorso de la cuchara y que quede marcada una huella si se toca con el dedo. Fundir el chocolate en la crema y remover. Dejar enfriar.
Para una crema inglesa clásica, añadir a la leche una ramita de vainilla y poner 100 g de azúcar en lugar de 60.

Salsa de caramelo a la mantequilla salada

Para 6 personas
5 minutos de cocción

1 cacerola de fondo grueso

100 g de azúcar
50 g de mantequilla salada
30 cl de nata líquida

Hacer un caramelo fundiendo el azúcar bien extendido por el fondo de la cacerola. Incorporar la mantequilla fuera del fuego (no se preocupe si la mezcla se endurece); después, mezclar el conjunto con la nata, calentando de nuevo.

Variante

Añadir una cucharadita de cacao en polvo o de café soluble para variar el sabor.

TENEMOS TAN MAL RECUERDO DE MOUSSES DE CHOCOLATE ESPANTOSAS, servidas a placer en malos restaurantes, que a veces nos resistimos a prepararlas nosotros mismos… Con buenos huevos frescos, buena nata y, como siempre, con el mejor chocolate, es un postre que gustará a todos. Basta con jugar un poco con las cantidades para darle un aire nuevo. Sírvalo con pastelillos crujientes de su pastelería favorita.

Mousse de chocolate negro sencillísima

Para 4 personas
10 minutos de preparación
Dejar enfriar 2 horas

1 bol
1 fuente
1 batidora eléctrica

150 g de chocolate negro en trocitos
5 huevos de los que se habrán separado
las claras de las yemas
2 cucharaditas de ron, de licor de café o de
coñac (opcional)

Fundir el chocolate en el microondas o al baño María.
Fuera del fuego añadir el licor (si se utiliza), y después las yemas de huevo, una por una.
Montar las claras a punto de nieve y añadirlas con delicadeza a la mezcla de chocolate.
Verter el preparado en uno o varios platos para servir.
Dejar enfriar al menos 2 horas antes de degustarlo.

Mousse de chocolate negro más elaborada

Para 6 personas
10 minutos de preparación
Dejar enfriar 2 horas

3 boles
1 batidora eléctrica

200 g de chocolate negro en trocitos
50 g de mantequilla
100 g de nata fresca
25 g de azúcar glas
3 huevos

Fundir el chocolate con la mantequilla en el microondas o al baño María.
Separar yemas y claras de los huevos.
Mezclar la nata con las yemas y después añadir el azúcar glas. Añadir al preparado el chocolate y la mantequilla fundida. Mezclar bien. Batir las claras a punto de nieve muy firme y añadirlas delicadamente a la mezcla de chocolate. Verter en el recipiente elegido.
Dejar enfriar al menos 2 horas en el frigorífico.

Mousse de chocolate con leche

Para 4 personas
5 minutos de preparación
Dejar enfriar toda una noche

2 boles
1 batidora eléctrica

150 g de chocolate con leche
10 cl de nata líquida

Calentar la nata y verterla sobre el chocolate.
Remover bien hasta que el chocolate se haya fundido y la mezcla quede lisa y brillante.
Dejar enfriar toda una noche (o un mínimo de 4 horas) en el frigorífico. Antes de servir, batir la mousse con la batidora eléctrica y verter en el recipiente.

CONSEJO • Use la receta de caramelo exprés de la página 26 y adorne con cacahuetes tostados.

Mousse de chocolate blanco

Para 6 personas

200 g de chocolate blanco
10 cl de nata líquida

El mismo procedimiento que para la mousse de chocolate con leche.

CONSEJO • Decorar con frutas rojas de temporada.

LAS PAVÉS SON POSTRES GENIALES DE SABOR INTENSO QUE NO TIENEN POR QUÉ SER MUY COPIOSOS. Es importante prepararlas con tiempo para que el chocolate libere todo su sabor. Compleméntelos con las sencillas recetas de la página 24 y / o decórelos con las sugerencias de la página 26. Gracias a los modernos moldes flexibles, podrá hacerlos de todas las formas. Conserve una sonrisa plácida durante toda la cena: ¡sus invitados van a disfrutar!

Pavé de chocolate y marron glacé

Para 8 personas
10 minutos de preparación
Dejar enfriar al menos 5 o 6 horas

1 bol
1 fuente
1 batidora eléctrica
1 molde hondo o *cake* (rectangular alargado)

1 paquete de 500 g de crema de marron glacé
150 g de mantequilla reblandecida
300 g de chocolate negro
3 o 4 cucharadas soperas de Baileys
o 2-3 de ron, coñac, etc. (opcional)
unos cuantos marrons glacés
un poco de nata fresca o queso mascarpone

Tapizar con plástico de cocina el fondo de un molde hondo para un pastel redondo o de un molde alargado si desea obtener lonchas finas. Mezclar la crema de marron glacé con la mantequilla en pomada y el licor (si se utiliza) hasta obtener una mezcla homogénea. Fundir el chocolate al baño María o en el microondas. Mezclar los dos preparados, verter en el molde elegido (rellenando bien las esquinas, en el caso del molde alargado) y dejar en el frigorífico toda la noche a ser posible. Servir con los marrons glacés enteros o en trozos y con la nata fresca o el mascarpone para dar un toque de acidez.

Pavé a los tres chocolates

Para 10 personas
15 minutos de preparación
Dejar enfriar 5 horas

3 boles
1 molde alargado de 28 cm de largo (preferiblemente de silicona)
1 cazuela

250 g de chocolate negro
275 g de chocolate con leche
300 g de chocolate blanco
20 + 20 + 15 cl de nata líquida

Si el molde no es de silicona, forrarlo con plástico de cocina.
Las capas deben realizarse por separado.
Poner cada uno de los tres tipos de chocolate en cada uno de los boles. Separar la nata en tres partes (como se indica en la lista de ingredientes). Llevar a ebullición 20 cl de nata y verterla sobre el chocolate negro, alisando bien la mezcla. Pasarla al molde y dejarla en el frigorífico hasta que se endurezca. Repetir la operación con el chocolate con leche. Verter la nueva mezcla de nata y chocolate con leche sobre la primera capa de chocolate negro.
Finalizar con el chocolate blanco con sólo 15 cl de nata y poner el molde en el frigorífico o en el congelador si desea servir la pavé helada.

Pavé al chocolate de Virginia

Como el pastel de Nathalie, esta receta ha alcanzado tal éxito que no puedo dejar de incluirla aquí.
Un gran clásico que siempre nos hará quedar bien.

Para 6 personas
40 minutos de preparación
Dejar enfriar 5 o 6 horas

1 bol
1 fuente
1 molde terrina de 25 cm de diámetro
1 batidora eléctrica

400 g de chocolate amargo
125 g de mantequilla
4 yemas de huevo
75 g de azúcar glas
50 cl de nata líquida batida

Fundir el chocolate y la mantequilla juntos en el microondas o al baño María.
Batir las yemas de huevo y el azúcar hasta que la mezcla blanquee.
Mezclar los dos preparados con una batidora manual y después añadir la nata con delicadeza.
Forrar el molde con plástico de cocina y verter la mezcla.
Dejar en el frigorífico 5 o 6 horas.

No hablaremos aquí de las asociaciones y maridajes estrafalarios que últimamente se han puesto de moda. Una ganaché a la pimienta o al roquefort creada por un gran chef puede tener su gracia cuando se trata de sorprender y excitar el paladar; pero cuando cocinamos para la familia o los amigos, creo que conviene evitar experimentos sofisticados... Unamos la sencillez y los buenos ingredientes y la partida estará ganada. Los cítricos y las frutas rojas aportan sabor y ligereza a postres de chocolate que tienden a resultar algo empalagosos.

Los cítricos

La acidez de los cítricos combina bien con el chocolate. He aquí algunos trucos que convertirán sus pasteles, mousses, tartas, etc. en postres sencillos dignos de las comidas más elegantes.

Kumquats

Se encuentran frescos en las estanterías de frutas exóticas de las grandes superficies. Pequeños y muy ácidos, es mejor confitarlos en un jarabe de azúcar, enteros o cortados en rodajas. También pueden encontrarse ya confitados en los mercados y en tiendas de delicatessen.

Naranjas y clementinas

Uno de los sabores que mejor casan con el del chocolate, sea negro, con leche o blanco. Utilice la cáscara rallada para dar un toque peculiar a sus recetas de chocolate. También puede blanquear la ralladura (sumergiéndola durante 30 segundos en agua a punto de hervir) y después confitarla en jarabe de azúcar.
Si lo prefiere, puede encontrar frutas enteras deliciosamente confitadas en los puestos de frutos secos o en confiterías y delicatessen.

Limones, limones verdes y pomelos

Gozan de menor predicamento que las naranjas, pero una ganaché al limón hecha por un maestro chocolatero puede resultar inolvidable.

Cítricos confitados

Para 6 porciones
20 minutos de cocción

1 cacerola

250 g de azúcar
6 o 7 kumquats o la cáscara de 3 clementinas, de 2 limones o de 1 naranja grande, cortada en tiras finas
50 cl de agua

Poner el agua, las cáscaras o los kumquats y el azúcar en una cacerola y calentar a fuego suave hasta disolver el azúcar. Hervir durante 20 minutos hasta obtener un jarabe; dejar enfriar.

Las frutas rojas

Ciertas frutas parecen haber sido creadas especialmente para combinar con el chocolate. Las frambuesas y los casis nos vienen enseguida a la mente; pruebe también con grosellas, arándanos, cerezas y moras. Es inútil emplearlas si no son de temporada (excepto los arándanos).

Basta servir unas cuantas frutas rojas para acompañar un pastel, con una cucharada de nata fresca por ejemplo.
Licuadas, añaden un toque untuoso a un pastel un poco seco. Fuera de temporada, se hallan una gran variedad de frutas rojas congeladas, ya cocinadas con un poquito de agua y de azúcar. Para obtener una colada más fina, tamizarlas para separar las pepitas y añadir azúcar glas para que la mezcla sea más dulce.
Otras frutas ácidas como los albaricoques, las manzanas verdes, la piña, los mangos y las frutas de la pasión se llevan muy bien con el chocolate.

Arándanos a la cáscara de naranja

Para 6 personas
5 minutos de cocción

1 cacerola

250 g de arándanos frescos o congelados
75 g de azúcar
2 a 3 cucharas soperas de agua
la cáscara de una naranja pequeña

Poner los arándanos con el agua y el azúcar en una cacerola y dejar cocer durante unos 5 minutos. Los arándanos soltarán jugo pero, en su mayor parte, se mantendrán enteros. Añadir la cáscara, un poco más de azúcar si el sabor es demasiado ácido, y dejar enfriar. Servir como acompañamiento de pavés o de pasteles de chocolate negro.

Caramelo exprés

Para unas cinco cucharadas soperas de caramelo
3 minutos de cocción

1 cazuela pequeña de fondo grueso
1 mármol o una tabla de cocina de silicona

100 g de azúcar de sémola

Cubrir el fondo del cazo de azúcar y calentar
a fuego suave.
Remover con una cuchara de madera hasta que el
azúcar se caramelice y se vuelva completamente
transparente.
Atención: no lo caliente demasiado o tendrá un
sabor ácido.
Verter directamente sobre el mármol o sobre una
tabla de cocina de silicona dándole rápidamente
la forma que desee.

CONSEJOS • Puede añadir también avellanas,
almendras o incluso cacahuetes para hacerlo
aún más crujiente.
Agregar una cucharadita de cacao en polvo para
dar un sabor achocolatado.
Con nata líquida y mantequilla salada se obtiene
una deliciosa salsa al caramelo para untar. No se
preocupe si el caramelo crepita mucho y se
endurece. Se fundirá de nuevo removiéndolo
y aplastándolo con suavidad.

CONSEJO DE LIMPIEZA • Le será más fácil lavar el
cazo si lo llena de agua caliente y lo deja en
el fuego hasta que se disuelva todo el azúcar.

Almendras tostadas y caramelizadas

3 minutos de preparación
Para 6 tejas

1 bol
1 tapete de silicona o de papel sulfurizado
1 bandeja de horno

150 g de almendras hiladas, picadas o en palitos
2 cucharadas soperas de jarabe de azúcar
de caña
1 cucharada sopera de azúcar glas

Precalentar el horno a 180 °C.
Mezclar el jarabe con las almendras.
Con la ayuda de un molde cortador, un aro o
simplemente con el dorso de la cuchara, formar
discos sobre la tabla o el papel sulfurizado.
Esparcir el azúcar glas y tostar en el horno unos
2 minutos, hasta que las almendras queden bien
doradas.
Sacar del horno, rehacer la forma si es necesario
mientras el caramelo aún esté líquido y dejar
enfriar y endurecer por completo.
Guarde los preparados en un recipiente hermético
si desea servirlos al día siguiente. Siempre es
mejor prepararlos sólo unas horas antes de
servirlos, ya que podrían ablandarse por efecto
de la humedad ambiental.

CONSEJO • Para obtener graciosas formas
irregulares, ponga una capa de almendras sobre
el tapete, deje enfriar y endurecer y luego corte
en trozos.

Almendras tostadas y caramelizadas

SIEMPRE CAUSAN SENSACIÓN, sobre todo si nos tomamos el trabajo de preparar también las bases de tarta. Estas recetas son tan fáciles que a buen seguro no volverá a comprar sus bases de tarta en una tienda. Un pequeño detalle: provéase de suficientes cuentas de horneado para aplanar la pasta al cocerla en blanco. Conducen mejor el calor y cuecen la pasta de modo más uniforme. Además, desperdiciará menos garbanzos o judías... y evitará el riesgo de dar una sorpresa desagradable (y crujiente en exceso) a sus invitados, si se deja alguno olvidado en el fondo de la tarta. La cadena que aparece en la foto es perfecta para no tener que recuperar alguna pieza con la punta de un cuchillo.

Bases de tarta

Pasta *sablée*

Para una tarta de unos 26 cm de diámetro
5 minutos de preparación
Dejar enfriar 2 horas

1 fuente
plástico de cocina

250 g de harina
125 g de mantequilla muy fría cortada en daditos
2 cucharadas soperas de azúcar
3 o 4 cucharadas soperas de agua muy fría

Poner todos los ingredientes en una ensaladera y mezclar con la punta de los dedos hasta que la pasta parezca pan rallado. También se puede preparar con un robot de cocina. Hacer un hoyo en el centro y verter el agua; mezclar con una cuchara de madera y después con las manos hasta formar una bola. Cubrir con plástico de cocina y dejar enfriar en el frigorífico durante al menos 2 horas antes de emplearla.

Pasta *sablée* al chocolate

Para una tarta de unos 28 cm de diámetro
5 minutos de preparación
Dejar enfriar 2 horas

1 fuente
plástico de cocina

250 g de harina
100 g de azúcar glas
1 pizca de sal
1 cucharada sopera de cacao en polvo
200 g de mantequilla muy fría cortada en dados
2 yemas de huevo, ligeramente batidas con 1 cucharada sopera de agua

Poner todos los ingredientes en una fuente y mezclar con la punta de los dedos hasta que la mezcla parezca pan rallado. Se puede preparar también con un robot de cocina.
Hacer un hoyo en el centro y añadir las yemas de huevo. Mezclar con una cuchara de madera y después con las manos hasta formar una bola. Recubrir con plástico de cocina y dejar en el frigorífico durante al menos 2 horas.

Pasta *sablée* a las almendras

Para una tarta de unos 30 cm de diámetro
o 10 tartaletas de 10 cm
5 minutos de preparación
Dejar enfriar 1 hora

1 fuente
plástico de cocina

150 g de harina
1 pizca de sal
50 g de almendras en polvo
50 g de azúcar glas
100 g de mantequilla muy fría cortada en daditos
1 yema de huevo
2 cucharadas soperas de agua muy fría

Poner la harina, el azúcar glas, la sal y el polvo de almendras en la fuente. Añadir la mantequilla y mezclar con la punta de los dedos hasta que parezca pan rallado. Batir muy ligeramente la yema de huevo con el agua y verterla en la fuente. Mezclar con una cuchara de madera y después con los dedos hasta formar una bola que envolveremos en plástico de cocina antes de ponerla en el frigorífico durante al menos 1 hora.

CONSEJO • Puede sustituir el polvo de almendras por unas avellanas.

Cocción en blanco

Extender la pasta y ponerla en el molde. Rellenar con cuentas para horneado de cerámica o metal elaboradas a tal efecto (pueden sustituirse por judías, garbanzos, etc.) y cocer entre 15 y 20 minutos en el horno precalentado a 180 °C. Dejar enfriar antes de verter la crema de chocolate.

Pasta *sablée* al chocolate

Rellenos

Chocolate blanco

Para una tarta de unos 26 cm de diámetro
15 minutos de preparación
Dejar enfriar 1 hora

3 boles
1 batidora eléctrica

1 hoja de gelatina alimentaria
150 g de chocolate blanco
1 yema de huevo
20 cl de nata líquida
1 cucharada sopera de agua muy caliente

Ablandar la gelatina en agua fría y a continuación disolverla con el agua caliente.
Fundir el chocolate en el microondas o al baño María. Dejar enfriar un poco, antes de añadir la yema de huevo y la gelatina.
Dejar enfriar completamente. Batir la nata líquida, añadirla a la mezcla de chocolate y rellenar la base de la tarta. Dejar reposar en el frigorífico.

Chocolate negro

Para una tarta de unos 28 cm de diámetro
10 minutos de preparación
Dejar enfriar 1 hora

1 cacerola
1 bol grande

20 cl de nata líquida
300 g de chocolate negro
3 yemas de huevo
40 g de mantequilla

Calentar la nata, verterla sobre el chocolate y remover bien. Incorporar enseguida las yemas de huevo y la mantequilla. Verter en la base de la tarta y dejar enfriar.

CONSEJO • Una vez que la base de la tarta se haya enfriado, aplaste con un tenedor 200 g de frambuesas con un poco de azúcar y forre la base de la tarta antes de verter el chocolate.

Chocolate praliné

Para una tarta de unos 28 cm de diámetro
5 minutos de preparación

1 cacerola
1 bol grande

50 g de chocolate negro
250 g de chocolate gianduja o chocolate praliné en tableta
20 cl de nata líquida

Llevar la nata a ebullición y verterla sobre el chocolate negro y el chocolate gianduja. Remover bien y extender sobre el fondo de tarta. Dejar enfriar.

Chocolate con leche al caramelo

Para una tarta de unos 28 cm de diámetro
10 minutos de preparación

2 cacerolas
1 bol

25 cl de nata líquida
250 g de chocolate con leche
50 g de azúcar

Hacer un caramelo calentando el azúcar en una cacerola de fondo grueso, verter encima la nata llevada a abullición. Verter a continuación sobre el chocolate y remover bien.
Depositar en la base de la tarta.

Tarta de chocolate negro con frutas rojas

Mordiscos de chocolate

Con un café, después de la comida o el desayuno; tiene que ser muy bueno, muy negro... y muy poco.

Nada que ver con esas almendras, avellanas y cacahuetes forrados con una sustancia chocolateada, que manchan y crujen y que se deshacen en la boca en diez segundos: esto es otra cosa.

Unos auténticos bocaditos crujientes con el café siempre tienen éxito y, en mi caso, reemplazan a menudo el postre o completan el desayuno.

Con un café a media mañana, o con un té, a las 5 de la tarde, unos pastelillos bien crujientes son siempre bienvenidos.

Orangettes

Para unas 30 piezas
30 minutos de preparación

1 cacerola
1 hoja de guitarra o 1 hoja de papel sulfurizado

125 g de buen chocolate negro
100 g de palitos de naranja confitada

Fundir el chocolate en el microondas o al baño
María. Mojar en el chocolate un palito de naranja
confitada cada vez, revestirlo bien, escurrirlo y
colocarlo sobre una hoja de guitarra o de papel
sulfurizado. Dejar enfriar.

Tejas

Para unas 20 piezas
30 minutos de preparación
Dejar enfriar entre 30 minutos y 1 hora

1 hoja de guitarra o 1 hoja de papel sulfurizado
1 placa para tejas
tijeras

200 g de chocolate (negro, blanco o con leche)
1 cucharada sopera de avellanas o de almendras
partidas y tostadas o de trozos de semillas de
cacao

Fundir el chocolate en el microondas o al baño
María, a continuación mezclar las almendras, las
avellanas o los trozos de semilla. Formar discos
muy finos sobre la hoja de guitarra, en filas de a
cuatro. Cuando el chocolate comience a cuajar,
antes de que se endurezca, cortar la hoja en
franjas con las tijeras y colocarlas sobre una placa
para tejas. Dejar endurecer del todo, dar la vuelta
a las tejas y separar con cuidado la banda
de papel.

Trufas

Para 30 o 40 trufas
5 minutos de preparación
Dejar enfriar 2 horas

1 cacerola
1 fuente

La ganaché

450 g de buen chocolate
25 cl de nata líquida fresca

Decoración

polvo de cacao
avellanas o almendras tostadas en polvo
trozos de semillas de cacao
chocolate blanco o negro rallado

Llevar la nata a ebullición y verterla sobre el
chocolate en pastillas, rallado o cortado en trozos
pequeños.
Mezclar con suavidad con una cuchara.
Dejar enfriar.
Formar bolitas con los dedos y revestirlas de
chocolate blanco, negro, polvo de cacao, trozos
de semillas de cacao, avellanas o almendras
tostadas.

Rochers

Para unas 20 piezas
40 minutos de preparación

1 placa del horno
1 cacerola
1 hoja de guitarra o 1 hoja de papel sulfurizado

110 g de almendras en palitos
2 cucharadas soperas de jarabe de azúcar
1 cucharada sopera de azúcar glas
135 g de buen chocolate negro o con leche

Precalentar el horno a 180 °C.
Mezclar las almendras con el jarabe de azúcar y
formar bolas sobre una placa antiadherente de
horno. Esparcir azúcar glas y dejar tostar y
caramelizar en el horno durante 2 o 3 minutos.
Dejar enfriar. Fundir el chocolate en el microondas
o al baño María y remojar en él los rochers uno
por uno antes de colocarlos sobre una hoja
de guitarra o de papel sulfurizado.

CONSEJO • Si no encuentra en los comercios
almendras cortadas, córtelas usted mismo
haciéndolas a palito .

Ciruelas pasas rellenas de ganaché

El chocolate y las ciruelas pasas hacen una mezcla memorable, en la que resaltan los aromas de regaliz de los frutos. Una golosina para completar el almuerzo o bien para acompañar el café si el postre ha sido moderado.

Para 6 personas
5 minutos de preparación
Dejar enfriar 10 minutos

1 fuente
1 cacerola
1 batidora eléctrica
1 manga pastelera

12 o 18 ciruelas pasas de Agen deshuesadas
150 g de chocolate negro
15 cl de nata líquida

Llevar la nata a ebullición y verterla sobre el chocolate cortado en trocitos. Dejar que la nata haga fundir el chocolate y remover después hasta obtener una mezcla lisa y brillante. Mezclar todo en la batidora hasta que el preparado quede espumoso y frío.
Abrir las ciruelas en forma de mariposa. Rellenar de ganaché la manga pastelera e introducir una buena porción dentro de cada ciruela; cerrarlas de nuevo sin apretarlas.

CONSEJO • Recubra las ciruelas pasas con 300 g de chocolate negro fundido. También pueden añadirse 1 o 2 cucharadas de Armagnac a la ganaché.

Mendiants (mendigos)

Para unas 25 piezas
30 minutos de preparación

1 hoja de guitarra o 1 hoja de papel sulfurizado

125 g de chocolate negro
15 g de pistachos verdes
20 g de pasas
30 g de almendras peladas
50 g de palitos de naranja confitada

Poner una hoja de guitarra o de papel sulfurizado sobre un mármol u otra superficie fría y lisa. Fundir el chocolate al baño María o en el microondas. Depositar sobre la hoja una cucharadita de chocolate fundido y aplanarla en forma de disco con el dorso de la cuchara. Hacer varios a la vez para evitar que el chocolate se enfríe demasiado. Sobre cada disco, colocar una pasa, un pistacho, una almendra y medio palito de naranja. Dejar enfriar completamente.
Los *mendiants* estarán listos cuando se puedan separar fácilmente del papel.

Frutas recubiertas

Para 400 g
5 minutos de preparación
Dejar enfriar de 30 minutos a 1 hora

1 bol
1 hoja de guitarra o 1 hoja de papel sulfurizado
1 criba o dos tenedores

200 g de frutos secos (albaricoques, ciruelas, dátiles, higos, peras, etc.)

Fundir el chocolate en el microondas o al baño María. Dejar sumergir los frutos uno por uno en el chocolate, recubrirlos completamente, sacarlos y escurrirlos con 2 tenedores o mejor aún con una criba de chocolatero. Ponerlos sobre la hoja de guitarra o de papel sulfurizado y dejar endurecer a temperatura ambiente.

Palets

Para 400 g
10 minutos de preparación
Dejar enfriar de 30 minutos a 1 hora

1 bol
1 hoja de guitarra o 1 hoja de papel sulfurizado
1 cucharada sopera

250 g de chocolate
200 g de avellanas, almendras, etc.

Fundir el chocolate en el microondas o al baño María. Añadirle los frutos secos sin dejar de remover suavemente.
Colocar sobre la hoja de guitarra pequeñas bolas de la mezcla chocolateada. Con el dorso de una cuchara sopera, alisar un poco para formar pequeños discos. Dejar endurecer a temperatura ambiente.

Huevos de Pascua

Huevos de Pascua

He aquí una actividad sana y fácil para los pequeños en época de Pascua. La única dificultad para
usted será encontrar un molde para huevos, por lo
que deberá acudir a una tienda especializada.

**Para cuatro medios huevos de unos
diez centímetros de largo
25 minutos de preparación
Dejar endurecer 40 minutos en el frigorífico**

1 cacerola
1 fuente
1 molde para huevos

**450 g de chocolate negro o con leche
1 paquete de cereales para el desayuno o dos
paquetes de crêpes dentelles machacadas.**

Fundir el chocolate en el microondas
o al baño María.
Mezclar el chocolate fundido con los cereales
o las crêpes a trozos hasta que queden bien
recubiertos.

Ahora, puede elegir entre:
– rellenar completamente los moldes para hacer
  medios huevos sólidos;
– untar la superficie de los moldes con una capa
  de preparado para obtener medios huevos
  huecos.
La primera opción resulta más fácil para los niños;
la segunda exige un poco de habilidad. Es preciso
empezar por el centro del molde e ir añadiendo
mezcla, construyendo los bordes poco a poco.
No apriete demasiado la mezcla contra las paredes
del molde: se perdería el bonito aspecto rugoso
del huevo.
Dejar enfriar y endurecer en el frigorífico unos
40 minutos. Sacar los medios huevos del molde,
manipulándolo como un molde para hacer cubitos
de hielo.
Decorar con cintas. Los niños pueden tambien
envolver sus obras maestras en papel de celofán,
fabricar bonitas etiquetas y regalarlos.

Figuritas de molde

En esta receta, más aún que en las demás,
la calidad del chocolate es la clave del éxito.
El chocolate de cobertura, rico en mantequilla
de cacao, es perfecto para todos los moldeados,
pequeños y grandes.

**Para 50 figuritas
10 minutos de preparación
Dejar enfriar de 30 minutos a 1 hora**

1 molde de figuritas
1 hoja de guitarra o 1 hoja de papel sulfurizado
1 espátula codo (véase p. 150)

300 g de buen chocolate

Fundir el chocolate en el microondas
o al baño María.

1 Verter en el molde y rellenar todas las figurillas.
Repartir bien el chocolate presionando el borde
del molde unos instantes para hacer salir todas
las burbujas de aire y evitar que se formen hoyos
en la superficie de las figuritas.

2 Rascar el chocolate sobrante encima de la hoja
de guitarra o en una fuente. Procure no dejar
chocolate entre las figuras: resultaría más difícil
retirarlas del molde y sus contornos no serían
limpios.

3 Dejar enfriar a temperatura ambiente durante
unos minutos y a continuación poner el molde
en un lugar fresco o en el frigorífico entre
30 minutos y una hora.

4 Las figuras pueden sacarse del molde cuando
se haya retirado el chocolate de los bordes.
Para hacerlo, retuerza ligeramente el molde, como
lo haría con un molde de hacer cubitos de hielo.
Si el chocolate se separa haciendo un poco de
ruido, puede dar la vuelta con cuidado al molde
y sacar las figuras. En caso contrario, coloque de
nuevo el molde en el frigorífico unos 20 minutos.

CONSEJO • Si se han templado bien, las figuritas
permanecerán brillantes. Si no, puede que se
empañen al cabo de 24 horas; ¡aunque para
entonces alguien ya se las habrá comido! Use el
chocolate sobrante para hacer un pastel,
una mousse o un chocolate caliente.

ALGUIEN TENDRÍA QUE GUARDAR EN UN FRASCO EL PERFUME QUE DESPRENDEN ESTAS GALLE-
TITAS AL COCERSE. Cuando este olor se esparce por mi cocina, me siento como una madre y ama
de casa perfecta.

Cookies de copos de avena

Para unas veinte cookies
15 minutos de preparación
Dejar enfriar 30 minutos
20 minutos de cocción

1 bol
1 placa del horno
papel sulfurizado o 1 tabla de silicona

70 g de copos de avena (cereales de desayuno)
210 g de mantequilla salada en pomada
100 g de azúcar glas
220 g de harina
1 cucharadita de levadura química
50 g de chocolate con leche
50 g de chocolate negro

Calentar el horno a 150 °C.
Calentar el azúcar y la mantequilla hasta que la mezcla quede cremosa y ligera.
Añadir la harina, la levadura y los copos de avena y mezclar con los dedos hasta obtener una pasta bastante consistente.
Formar un cilindro de unos 10 cm de diámetro, envolverlo con papel transparente y dejarlo en el frigorífico 30 minutos.
Sacar el cilindro, cortarlo en rodajas de medio centímetro de grosor, colocar sobre papel sulfurizado untado de mantequilla o una tabla de silicona, poner en una placa del horno y hornear durantre 15-20 minutos, hasta que la parte inferior de las cookies esté dorada. Sacar del fuego, dejar enfriar unos minutos sobre la placa y colocar después sobre una rejilla.
Cuando estén fríos, decorar algunos con una cucharadita, otros con chocolate negro fundido y otros con chocolate con leche, o bien con una mezcla de ambos.

Cookies de chocolate con nueces de macadamia y jarabe de arce

Para unas treinta cookies
10 minutos de preparación
Dejar la pasta en el frigorífico 5 o 6 horas
10 minutos de cocción

papel sulfurizado o una tabla de silicona
1 bol

150 g de azúcar de caña
170 g de mantequilla salada en pomada
2 cucharadas soperas de jarabe de arce
1 huevo batido
280 g de harina
60 g de pepitas de chocolate con leche o negro
40 g de nueces de macadamia troceadas (utilice nueces de pacana, nueces convencionales o avellanas si no encuentra nueces de macadamia)

Calentar el horno a 190 °C.
Batir el azúcar de caña y el jarabe de arce con la mantequilla hasta que la mezcla se vuelva cremosa y ligera. Añadir el huevo sin dejar de batir. Verter enseguida la harina, las nueces y el chocolate y mezclar con una cuchara de madera.
Hacer un cilindro con la pasta, envolverlo con plástico de cocina y dejar reposar en el frigorífico durante 5 o 6 horas.
Sacar la pasta, cortarla en rodajas de medio centímetro y colocarlas sobre papel sulfurizado o en una tabla de silicona, encima de una placa del horno.
Hornear durante unos 10 minutos, hasta que la base de las cookies esté dorada.
Dejar enfriar en una rejilla.

Cookies de copos de avena

Cookies de chocolate con
nueces de macadamia y jarabe de arce

Florentinos
(... o casi)

Hay recetas que siempre se nos escapan. He intentado conseguir los auténticos florentinos, he probado tres recetas diferentes y he gastado kilos de cerezas y de frutas confitadas. ¡Pero nunca he tenido éxito y aún desconozco el porqué! De modo que ésta es mi receta particular, una fórmula que contiene casi todos los ingredientes del florentino clásico (menos el estrés).

Para una docena de pastas
20 minutos de preparación
25 minutos de cocción

1 placa para galletas
1 cacerola
1 fuente
1 hoja de guitarra
1 hoja de papel sulfurizado

100 g de mantequilla
100 g de azúcar de caña
100 g de miel
75 g de frutas confitadas troceadas
100 g de cerezas confitadas
50 g de pasas
100 g de almendras desmenuzadas
100 g de harina
100 g de chocolate negro o con leche

Calentar el horno a 180 °C.
Untar de mantequilla una placa para galletas de 18 x 28 cm. Colocar la hoja de papel sulfurizado en el fondo.
Calentar la mantequilla, la miel y el azúcar de caña hasta que éste se disuelva por completo. Retirar del fuego y añadir las cerezas, las pasas, las frutas confitadas, las almendras desmenuzadas y la harina. Mezclar bien. Verter sobre la placa y dejar cocer 20-25 minutos, hasta que la parte inferior quede dorada.
Dejar enfriar en el molde durante 5 minutos y después recortar cuadrados con un cuchillo: se cortarán fácilmente mientras no se enfríen.
Una vez fríos, fundir el chocolate al baño María o en el microondas. Cortar la pasta a trozos con los dedos y mojar una cara de cada trozo en el chocolate; dejar enfriar y endurecer sobre una hoja de guitarra o una hoja de papel sulfurizado.

Biscotes

Para unas 30 piezas
20 minutos de preparación
35 minutos de cocción
Dejar enfriar 40 minutos

1 bol
1 batidora eléctrica
1 placa del horno
papel sulfurizado o 1 tabla de silicona

210 g de harina
1 bolsita de levadura química
225 g de azúcar
75 g de mantequilla en pomada
4 huevos
1 cucharadita de extracto de vainilla
250 g de pepitas de chocolate negro

Batir el azúcar y la harina. Añadir los huevos, uno por uno, y después el extracto de vainilla. Incorporar la harina y la levadura. Añadir las pepitas de chocolate y mezclar bien. Poner sobre la tabla de silicona o el papel sulfurizado dos rectángulos de la mezcla, de 25 cm de largo y 10 cm de ancho.
Dejar 30 minutos en el frigorífico.
Calentar el horno a 180 °C e introducir los biscotes unos 25 minutos. La parte inferior debe quedar agrietada; si clavamos un cuchillo en la pasta, la hoja debría salir limpia. Sacar del horno y dejar enfriar 10 minutos. Bajar el horno a 150 °C. Deslizar la pasta en una placa; con la pasta aún caliente, cortar en diagonal barras de 2 cm de grosor.
Devolver al horno los biscotes, puestos de lado y dejar cocer de 5 a 8 minutos por lado, procurando que queden bien dorados. Dejar enfriar y degustar mojándolos en un buen café.

Shortbreads de chocolate

Para 6-8 personas
(unas veinte pastas)
15 minutos de preparación
50 minutos de cocción

1 bol
1 plato redondo

250 g de mantequilla salada muy fría cortada
en daditos
85 g de azúcar
300 g de harina
25 g de cacao en polvo

Precalentar el horno a 150 °C.
Trabajar la mantequilla, el azúcar, la harina y el
cacao con los dedos o con un robot de cocina
hasta obtener una mezcla arenosa. Amasar
durante 1 minuto sobre una superficie fría
y ligeramente enharinada.
Presionar la pasta con los dedos en el plato
previamente untado de mantequilla.
Cocer 50 minutos a 150 °C.
Cortar en triángulos al sacarlo del fuego
y esparcir azúcar. Dejar enfriar en el plato.

Shortbreads de pistachos y jengibre

Para 6-8 personas
(unas 15 pastas)
15 minutos de preparación
50 minutos de cocción en total

2 boles
1 placa aislante o una tabla de silicona
1 hoja de guitarra o una hoja de papel sulfurizado

250 g de mantequilla salada muy fría cortada
en daditos
85 g de azúcar
330 g de harina
50 g de pistachos
3 cucharadas soperas de jengibre confitado
cortado en daditos
150 g de chocolate negro, blanco o con leche

Precalentar el horno a 180 °C.
Trabajar la mantequilla, el azúcar, la harina y el
cacao con los dedos o con un robot de cocina
hasta obtener una mezcla arenosa. Añadir los
pistachos y el jengibre. Amasar durante 1 minuto
sobre una superficie fría y ligeramente
enharinada.
Amasar en forma de rollo, sobre una superficie
fría, y cortar las formas a placer.
Colocar sobre una placa del horno
o sobre una tabla de silicona, y dejar cocer
entre 25 y 30 minutos.
Sacar del fuego, espolvorear con azúcar, dejar
enfriar unos minutos y poner sobre una rejilla.
Fundir el chocolate y mojar en él los *shortbreads*.
Dejar enfriar en una hoja de guitarra o en una
hoja de papel sulfurizado.

Cookies a los dos chocolates con mantequilla de cacahuete

Con pepitas de chocolate de dos tipos y cacao en polvo, esta receta no escatima sabor, y cuenta con el toque salado del cacahuete. Estas deliciosas pastas son más ricas cuanto más pequeñas.

Para unas 36 piezas
15 minutos de preparación
15 minutos de cocción

2 placas de hornear
papel sulfurizado o 1 tabla de cocción de silicona
2 boles

Las cookies
120 g de harina
120 g de cacao en polvo
1 1/2 cucharadita de levadura química
120 g de chocolate negro
120 g de chocolate con leche en trozos
de aproximadamente 1 cm
120 g de mantequilla salada
300 g de azúcar
3 huevos batidos

La guarnición
150 g de mantequilla de cacahuete
50 g de azúcar glas

Calentar el horno a 170 °C.
Fundir el chocolate negro con la mantequilla
en el microondas o al baño María.
Dejar enfriar antes de añadir el azúcar y
los huevos. Añadir la harina, la levadura y el cacao
y mezclar bien antes de incorporar el chocolate
con leche.
Tomar una cucharadita de pasta y hacer con ella
una bolita entre las palmas, antes de aplastarla
ligeramente en la placa.
Repetir la operación, dejando unos cinco
centímetros entre pasta y pasta; después, cocer
durante 15 o 20 minutos. Sacar del fuego y dejar
enfriar en una rejilla.
Mezclar la mantequilla de cacahuete y el azúcar
glas. Poner una cantidad encima de una cookie y
luego otra cookie, apretando suavemente para
que ambas galletas queden pegadas.
Servir con el café o como postre con vainilla
glaseada.

Chocolate clásico

(ma non troppo)

Si tiene ocasión de visitar el obrador de un maestro pastelero, advertirá que existe una gran diferencia entre lo que nosotros, humildes cocineras y cocineros aficionados, podemos conseguir, y los logros que esos magos alcanzan todos los días.

Los profesionales poseen unos equipos y, sobre todo, un talento y *savoir faire* que no había imaginado hasta que los vi con las manos en la masa. Observarlos es siempre una experiencia fascinante, y una ocasión única para tomar nota de aquellos trucos y técnicas que estén a nuestro alcance.

Pero, francamente, estoy convencida de que es mejor cuidar la calidad de nuestros ingredientes y practicar nuestras técnicas caseras, y dejarle a nuestro pastelero favorito lo más refinado, complejo y sofisticado.

Un pastel casero elaborado con el mejor chocolate causará más deleite (y le producirá menos canas) que una osada tentativa de imitar las técnicas profesionales.

Así pues, las recetas «clásicas» de este capítulo han sido ligeramente retocadas. He mantenido los sabores y combinaciones básicos, pero adaptando y simplificando los procedimientos.

Tiramisú con chocolate

Un gran clásico en peligro de banalización a causa de tantas malas imitaciones industriales que invaden los anaqueles de los supermercados. En defensa del verdadero tiramisú, he aquí una receta más que clásica... con algo de chocolate negro, para justificar su presencia aquí.

Para 6 personas
30 minutos de preparación
Dejar enfriar 5 horas

1 plato o 6 copas individuales
2 boles
1 batidora eléctrica

25 cl de café fuerte tibio
6 huevos con las claras separadas
de las yemas
110 g de azúcar
500 g de mascarpone
1 vaso de amaretto o de marsala
30 bizcochos
4 cucharadas soperas de cacao en polvo
200 g de chocolate negro

Batir las yemas con el azúcar hasta que la mezcla blanquee. Incorporar el mascarpone sin dejar de batir. Montar a punto de nieve tres de las claras y añadirlas a la mezcla de mascarpone, huevos y azúcar.
Añadir el amaretto al café; mojar rápidamente los bizcochos en la mezcla y empujarlos al fondo del recipiente. Fundir el chocolate en el microondas o al baño María. Recubrir con la crema y después con una fina capa de chocolate fundido. Repetir la operación para formar la segunda capa.
Recubrir con plástico de cocina y dejar enfriar al menos cinco horas en el frigorífico. Espolvorear con cacao en polvo justo antes de servir.

Chocolate clásico

Banoffee

Entre los anglosajones, el *banoffee* es un postre casi aburrido de tan popular. ¿La razón de su éxito? El sabor único de la mezcla de ingredientes empleados en su elaboración: plátanos con caramelo sobre una base de bizcocho con una pizca de sal. Sólo faltaba el chocolate.

Para 6 personas
2 horas de preparación para el caramelo
20 minutos para el resto
Dejar enfriar 2 horas

6 aros de 8 cm de diámetro
1 cazuela
2 boles
1 batidora eléctrica
6 platos

1 paquete de *digestive biscuits*, (galletas típicas inglesas). En su defecto, pueden servir unas galletas de mantequilla, añadiendo una pizca de sal
3 plátanos
el zumo de un limón
1 bote de leche condensada azucarada
50 g de mantequilla salada
200 g de chocolate con leche
un poco de nata líquida batida, para adornar

Hacer un agujerito en el bote de leche condensada, poner el bote en una cacerola de agua hirviendo y poner a hervir a fuego suave durante 2 horas. Sacar el bote de la cacerola y dejarlo enfriar.
Aplastar las galletas. Fundir la mantequilla, mezclarla con las galletas machacadas y poner la mezcla, comprimida, al fondo de los aros, colocados cada uno de ellos sobre uno de los platos. Dejar enfriar.
Cortar los plátanos en rodajas, revolverlas en el zumo de limón para que no se estropeen y colocarlas sobre las bases de galleta.
Esparcir la leche caramelizada sobre los plátanos.
Fundir el chocolate en el microondas o al baño María. Echar lentamente el chocolate en el caramelo y dejar enfriar y después endurecer en el frigorífico 1 o 2 horas.
Justo antes de servir, batir la nata líquida y a continuación sacar con cuidado los aros sujetando los discos de chocolate. Adornar con nata batida y dejar el conjunto derrumbarse suave y deliciosamente en cada plato.

Magdalenas de chocolate y miel

Para 40 magdalenas pequeñas o 20 grandes
10 minutos de preparación
Dejar enfriar 1 hora
8 a 10 minutos de cocción por placa

1 fuente
1 placa para magdalenas (de silicona a ser posible)

150 g de chocolate negro
70 g de mantequilla
5 huevos de los que se habrán separado las
claras y las yemas
125 g de azúcar
4 cucharadas soperas de miel
150 g de harina

Calentar el horno a 190 °C.
Fundir el chocolate y la mantequilla en el
microondas o al baño María; dejar enfriar. Batir las
yemas de huevo con el azúcar hasta que la
mezcla espese y se vuelva amarillo pálido. Añadir
el chocolate fundido, la miel, el azúcar y la harina,
batiendo rápidamente la mezcla al añadir cada
ingrediente.
Batir las claras a punto de nieve no muy fuerte
y agregarlas a la pasta.
Dejar enfriar en el frigorífico durante al menos
una hora.
Si utiliza un molde de silicona, no es preciso
untarlo de mantequilla; si se trata de un molde
clásico, asegúrese de untar bien los huecos.
Poner una cucharadita rasa de pasta en los
moldes pequeños y una bien llena en los grandes.
Cocer de 8 a 10 minutos, según el tamaño de las
magdalenas; deben quedar bien abombadas
en la parte superior.
Sacar del horno y dejarla enfriar un poco antes
de extraer del molde.

Peras Belle-Hélène

La versión clásica exige helado de vainilla, peras
escalfadas y una salsa de chocolate rica y caliente
(los puristas pueden optar por la salsa que se des-
cribe en la página 18).

La receta que sigue está ligeramente adaptada; se
han añadido unos aromas para dar un toque de
variedad. La mezcla de pera, caramelo, chocolate
y café es excelente, así como el contraste de temperaturas. Yo uso un helado con trocitos de caramelo para darle un toque algo crujiente.

Para 6 personas
15 minutos de preparación

6 copas para helado
2 cacerolas

12 peras grandes o 12 peras pequeñas de bote
1/2 litro de helado de caramelo
1 salsa de chocolate-café (véase p. 18)

Poner las peras en cada copa, añadir el helado
y verter encima la salsa caliente.
Servir de inmediato.

Magdalenas de chocolate y miel

Budín al revés de mango, piña y jengibre

Una variedad de budín que no tiene nada que ver con la versión de polietileno super azucarado de los bares de mi juventud.

Para 8 personas
15 minutos de preparación
45 minutos de cocción

3 boles
1 batidora eléctrica
1 molde cuadrado o un plato para gratinar
1 hoja de papel de aluminio

1 mango y 1/4 de piña fresca
1 cucharada sopera de jengibre confitado cortado en trocitos (si no dispone de este ingrediente, tome 2 o 3 cucharadas soperas de jengibre en polvo)
250 g de chocolate negro troceado o en pastillas.
110 g de mantequilla
80 g de harina
2 huevos
75 g de azúcar
1 cucharadita de levadura química.

Untar de mantequilla un plato para gratinar o un molde cuadrado de unos 22 cm de lado.
Calentar el horno a 180 °C.
Pelar el mango y el trozo de piña y cortarlos en dados de unos 2 cm de lado.
Fundir 175 g de chocolate y la mantequilla en el microondas o al baño María.
Batir juntos el azúcar y los huevos, y después añadir el chocolate y la mantequilla fundidos.
Añadir poco a poco la harina, la levadura, el resto de chocolate en trozos y el jengibre.
Poner la fruta en el plato y recubrirla con la mezcla.
Hornear durante 45 minutos (cubrir con papel de aluminio pasados los primeros 30 minutos).
Sacar del molde y servir, con las frutas dispuestas encima.

Trifle al bosque negro

El mismo principio que el pastel más kitsch, pero con una forma diferente y algo más de chocolate.

Para 12 personas
30 minutos de preparación
20 minutos de cocción
Dejar enfriar 2 horas

2 moldes hondos de unos 24 cm de diámetro
1 fuente
1 bol
1 batidora eléctrica
1 fuente grande transparente
1 hoja de papel sulfurizado

12 huevos de los que se habrán separado las claras de las yemas
200 g de azúcar
75 g de cacao en polvo
1 bote grande (o 2 pequeños) de cerezas al kirsch
50 cl de nata líquida
200 g de mascarpone (opcional)
3 cucharadas soperas de azúcar
200 g de chocolate negro
100 g de virutas de chocolate negro

Calentar el horno a 180 °C.
Engrasar los moldes y forrarlos con papel sulfurizado.
Batir las yemas de huevo y el azúcar hasta que la mezcla blanquee y se ponga espumosa.
Incorporar suavemente el cacao con un cucharón.
Batir las claras a punto de nieve y añadirlas a la mezcla chocolateada en tres tandas para evitar que decaigan. Verter en los moldes y hornear unos 20 minutos. La parte superior del pastel debe quedar mullida al presionarla con el dedo.

Retirar del fuego y dejar enfriar un poco sobre una rejilla antes de sacar del molde y dejarlo enfriar por completo.
Escurrir las cerezas y reservar el jarabe de kirsch.
Batir la crema con el mascarpone y el azúcar.
Cortar en dos longitudinalmente uno de los pasteles; colocar una base de genovesa en el fondo de la fuente. Verter la mitad del jarabe de las cerezas y disponer la mitad de las frutas sobre la genovesa.
Fundir el chocolate negro en el microondas o al baño María. Con una cuchara, colocar una fina capa de chocolate fundido, lo más uniforme posible, que se endurecerá en contacto con la genovesa.
Poner una capa de nata sobre el chocolate y repetir la operación, reservando algunas cerezas y las virutas de chocolate para la decoración final. Dejar enfriar en el frigorífico durante unas horas antes de servir.

Tarta Sacher (o casi)

¡La reina de las tartas de chocolate! La auténtica tarta Sacher encierra una fina capa de colada de albaricoque oculta bajo un glaseado negro irreprochable que lleva la palabra «Sacher» escrita con chocolate con leche… Por desgracia, estas dos últimas etapas las encuentro un poco superfluas. Además, siempre he creído que los albaricoques resultaban un poco extraños al lado de una genovesa generosa y muy rica. Los puristas tal vez se escandalizarán, lloverán las censuras y el señor Sacher se revolverá en su tumba, pero he aquí una versión de este postre que funciona bien, con proporciones y asociaciones remodeladas.

Para 6 personas
20 minutos de preparación
30 minutos de cocción
Dejar enfriar 1 hora

6 aros de 6 cm de diámetro o 1 molde de muffins (procure que sea un molde flexible)
4 boles
1 cacerola

120 g de chocolate
75 g de mantequilla a punto de pomada
55 g de azúcar
4 huevos de los que se habrán separado las claras de las yemas
55 g de harina

Para la salsa de albaricoques

3 cucharadas soperas de confitura de albaricoque
el zumo de un limón
10 albaricoques secos, cortados en daditos

Para el glaseado

100 g de chocolate negro
50 g de mantequilla
2 cucharadas soperas de agua

Calentar el horno a 180 °C.
Fundir el chocolate en el microondas o al baño María.
Batir la mantequilla con el azúcar hasta que la mezcla blanquee y se vuelva espumosa. Añadir las yemas una a una, batiendo cada vez.
Añadir el chocolate fundido, mezclar bien y después incorporar la harina.
Batir las claras a punto de nieve e incorporarlas a la mezcla de chocolate (en tres tandas, para evitar que las claras montadas decaigan).
Verter la mezcla en los moldes y hornear de 20 a 25 minutos, hasta que los pasteles estén bien hinchados: si se hunde un cuchillo en el centro del pastel, éste debería salir casi limpio.
Retirar del horno y dejar enfriar sobre una rejilla antes de sacar del molde; a continuación, dejar enfriar por completo.
Calentar la confitura con el zumo de limón, los trozos de albaricoque y un poco de agua.
Dejar escalfar unos 5 minutos; los albaricoques deben quedar blandos. Dejar enfriar. Si la salsa está demasiado espesa, añadir un poco de agua.
Realizar el glaseado calentando el chocolate, la mantequilla y el agua en el microondas o al baño María.
Cortar los pasteles en dos y colocar una mitad en cada plato individual. Verter una cucharada de salsa de albaricoque, recubrir con la segunda mitad y después verter un poco de glaseado. Se puede servir de inmediato o esperar a que el glaseado se haya endurecido.

Chocolaterapia

Pan perdido en chocolate

Para 8 personas
15 minutos de preparación
Al menos 12 horas (una noche) de reposo
30 minutos de cocción

1 plato para gratinar
2 boles

50 cl de nata líquida
4 huevos
10 rebanadas de pan de hogaza o de pan inglés
del día anterior, sin corteza
150 g de chocolate negro
100 g de azúcar
75 g de mantequilla
un poco de azúcar de repostería

Untar ligeramente de mantequilla el plato
de gratinar.
Cortar el pan en triángulos.
Fundir el chocolate y la mantequilla con la nata
y el azúcar, al baño María o en el microondas.
Remover bien y asegurarse de que el azúcar esté
bien disuelto.
Batir los huevos ligeramente y añadirlos a la
mezcla. Batir de nuevo para homogeneizar bien
el preparado y obtener una mezcla cremosa.
Poner el pan en un plato para gratinar,
encabalgando las rebanadas, y cubrir de salsa
de chocolate, repasando con una cuchara para
asegurarse de que todos los trozos quedan bien
cubiertos. A ser posible, dejar macerar al menos
un día. Luego, hornear a 180 °C durante
30 minutos.
Dejar enfriar un poco antes de servir con la nata
fresca y el azúcar.

CONSEJO • Se puede reemplazar el pan por
brioches o panettone, para hacer la receta aún
más sabrosa.

Arroz con leche con pocillos de chocolate fundido

Se trata menos de una receta que de un truco
delicioso que encantará a sus invitados o conse-
guirá levantarle la moral... Y es posible que sienta
cierta nostalgia reconfortante.

Para 6 personas
5 minutos de preparación
20 minutos de cocción

1 cacerola
6 platillos

1 litro de leche entera
100 g de azúcar
1 rama de vainilla
150 g de chocolate en pastillas o cortado
en trozos de un centímetro.
500 g de arroz redondo *(arborio)*

Verter el azúcar en la leche y llevar a ebullición.
Añadir la rama de vainilla hendida y el arroz, y
cocer removiendo sin cesar unos 20 minutos. Es
preciso que la leche quede embebida y el arroz
blando. Añadir leche si la mezcla empieza
a amazacotarse.
Colocar las porciones en los platillos; con una
cucharilla, hundir las pastillas de chocolate bajo la
superficie de arroz: así, ya estará fundido cuando
sus invitados introduzcan sus cucharas.
Ahora se presenta el dilema : ¿es mejor removerlo
o no?

CONSEJO • También se puede poner el
chocolate, negro o con leche, y remover en el
mismo instante. Añadir por encima un poco de
mascarpone o media cucharada de azúcar
de repostería: ¡es delicioso!

Arroz con leche con pocillos de chocolate fundido

Yogur vasco
al chocolate casero
5 minutos de preparación

1 tarro grande de conservas

200 g de chocolate negro de cobertura
65 g de almendras o de avellanas en polvo
500 g de leche en polvo azucarada
300 g de margarina

Fundir el chocolate en el microondas.
Añadir primero la margarina, después la leche y
las almendras en polvo; mezclar bien y conservar
al fresco en un tarro de conservas.
Servir acompañando a un buen yogur.

Petits-suisses
a la salsa de chocolate
Para 3 personas
5 minutos de preparación

1 cacerola
1 bol

6 petits-suisses
15 cl de nata líquida
150 g de chocolate con leche
7,5 cl de leche

Calentar la leche y la nata, después verter la
mezcla sobre el chocolate cortado en trocitos.
Remover bien y servir aún caliente con los
petits-suisses.
En lugar de hacer una salsa casera, puede usted
fundir sus barras de chocolate favoritas.

Petits-suisses a la salsa de chocolate

Natillas de chocolate (como las de mamá)

Para 6 personas
10 minutos de preparación
20 minutos de cocción

1 fuente
1 batidora eléctrica
1 plato de gratinar para el baño María
1 cacerola
6 potecitos o platillos hondos

75 g de azúcar
5 huevos
100 g de chocolate negro en trocitos
60 cl de leche entera

Calentar el horno a 180 °C.
Batir ligeramente los huevos con el azúcar en un bol grande. Llevar la leche a ebullición y verterla sobre el chocolate; mezclar bien.
Añadir poco a poco la mezcla chocolateada a los huevos.
Verter la crema en potecitos o platillos hondos, Colocarlos en un plato para gratinar y llenarlo hasta la mitad de agua caliente.
Cocer al baño María de 15 a 20 minutos.
Dejar enfriar y servir con galletitas finas y crujientes.

Crema tostada al chocolate

Para 6 personas
15 minutos de preparación
30 minutos de cocción
Dejar enfriar 2 horas

2 boles
1 batidora eléctrica
6 platillos individuales para huevos o para gratinar

60 g de azúcar
7 yemas de huevo
70 cl nata líquida
150 g de chocolate negro
5 cucharadas soperas de cogucho

Calentar el horno a 130 °C.
Fundir el chocolate al baño María o al
microondas. Dejar enfriar ligeramente. Con la
batidora eléctrica, batir las yemas con el azúcar
hasta que la mezcla blanquee.
Sin dejar de batir, añadir enseguida el chocolate
fundido y después la nata.
Poner la mezcla en los platos para huevos
o en platos de barro para gratinar.
Cocer unos 30 minutos. Vigile el proceso:
la crema debe pegarse en los bordes y temblar
en el centro.
Sacar los recipientes del horno y dejar enfriar en
un sitio fresco; después, colocarlos en el frigorífico
durante unas horas.
Justo antes de servir, calentar al máximo el grill
del horno, espolvorear con azúcar las cremas
y hacerlas caramelizar.
Volver a poner en el frigorífico.

Fondue de chocolate

Para 4 personas
25 minutos de preparación
5 minutos de cocción

1 aparato para fondue de chocolate (o baño María)
1 batidor

200 g de chocolate negro (60 % de cacao mínimo)
15 cl de nata líquida fresca
un surtido de frutos secos y frescos
(fresa, piña, kiwi, plátano, higos secos, peras frescas y secas, ciruelas, mandarinas, etc.)
un surtido de galletas (amaretti, cigarrillos rusos, lenguas de gato, etc.)

Llevar la nata a ebullición y verterla sobre el chocolate, rallado o en trocitos. Mezclar con la ayuda de un batidor y pasar la mezcla al aparato de fondue o al baño María para mantener el chocolate a temperatura.

Islas flotantes en chocolate

Para 6 personas
20 minutos de preparación
15 minutos de cocción

1 cacerola
2 fuentes
1 batidora eléctrica

Crema inglesa de chocolate
50 cl de leche entera
60 g de chocolate negro
5 yemas de huevo
50 g de azúcar

Islas flotantes
5 claras de huevo
30 g de azúcar
un poco de azúcar de repostería
50 g de avellanas o de almendras tostadas,
para adornar

Calentar la leche sin que llegue a hervir.
Batir las yemas de huevo y el azúcar con la
batidora eléctrica hasta que la mezcla blanquee
y doble su volumen.
Verter la leche casi hirviendo sobre las yemas,
removiendo.
Colocar esta mezcla sobre un fuego algo fuerte,
revolviendo sin cesar.
Dejar cocer hasta que la crema se quede pegada
en el dorso de la cuchara.
Fundir el chocolate en la crema y dejar enfriar por
completo antes de ponerlo en el frigorífico.
Montar las claras a punto de nieve. Añadir
el azúcar sin dejar de batir.
Calentar unas cucharadas de clara de huevo en
una cacerola de agua hirviendo durante 1 minuto.
Escurrir y dejar enfriar.
Para servir, verter la crema en un plato hondo
y depositar una «isla»; esparcir azúcar de
repostería, avellanas o almendras tostadas
o caramelizadas.

CONSEJO • También pueden cocerse las claras en
el microondas. Colocar las «islas» una por una
directamente sobre la bandeja del horno.
Ponerlo casi a temperatura máxima y hornear
5 segundos, hasta que la isla se hinche
ligeramente.

Chocolate caliente

El chocolate de la mañana, como el té o el café, es sagrado. Cada cual tiene su ritual. Sin embargo, cuando recibimos a las amigas a las 11 de la mañana o a los amigos de nuestros hijos el fin de semana a la hora de merendar (como yo hago de vez en cuando), un chocolate caliente auténtico es un extra maravilloso.

Para 2 personas

1 cacerola
2 minutos de preparación

75 g de chocolate negro en trozos
2 cucharaditas de azúcar
1 rama de vainilla hendida
25 cl de leche fresca entera
15 cl de nata líquida fresca
chocolate en trozos o cacao en polvo, para adornar

Poner todos los ingredientes en una cacerola y calentar a fuego muy suave removiendo con un batidor hasta que todo el chocolate se haya fundido y esté espumoso. Verter en tazas y esparcir cacao o trocitos de chocolate por encima.

CONSEJO • También se puede montar un poco de nata y poner una cucharada sobre el chocolate antes de servir.

Granola de chocolate

Granola de chocolate

Perfecta para acompañar un ataque de nostalgia, fatiga o pereza, cuando nos apetece derrumbarnos delante de la tele y desconectar la mente un rato. Prepárelo en grandes cantidades y nunca más querrá comprar cereales ya hechos. Personalice la receta con sus variedades favoritas: aumente las dosis y elimine ingredientes a su gusto.

Para 3 boles grandes
5 minutos de preparación
5 minutos de cocción

1 bol
1 placa para el horno

125 g de pepitas de chocolate negro
40 g de copos de avena (de los del desayuno)
1 cucharada sopera de pistachos
1 cucharada sopera de almendras desmenuzadas
1 cucharada sopera de nueces de pacana
(o de avellanas, almendras o nueces de macadamia enteras)
1 cucharada sopera de nuez de coco rayada
1 cucharada sopera de piñones
1 cucharada sopera de miel líquida

Precalentar el horno a 180 °C.
Mezclar bien todos los ingredientes. Poner sobre una placa de horno y tostar entre 5 y 7 minutos, hasta que la mezcla adquiera un bonito color dorado. Agitar la placa de horno para que los granos no se queden pegados unos con otros. Dejar enfriar. Servir en un bol de leche o acompañando a un yogur y frutas frescas...

CONSEJO • En la página 122 hay una receta muy *chic* realizada con esta granola.

Sándwiches calientes

Olvide los modernos artefactos para tostar, asar, etcétera. Sólo hay que rebanar y luego alinear. Todos quienes han sentido la necesidad de una chocolaterapia instantánea saben que buscar un aparato y esperar a que se caliente supone una pesadez. Provéase de uno de esos viejos utensilios pasados de moda que se colocan directamente en el fuego o en la placa. A continuación, rellene los sándwiches.

Chocolate + regresión + culpabilidad = ¡ñam-ñam !

Para 2 (o 1 en caso de morriña)
2 minutos de preparación y cocción
(¡no más, se lo juro !)

una sandwichera

4 rebanadas de brioche
1 barra chocolateada robada a los niños
o un tarro de crema de chocolate para untar
(como la del desayuno)
mantequilla

Untar con mantequilla las rebanadas de brioche y poner los lados untados sobre la sandwichera. Cortar la barra chocolateada en láminas o extender la crema de chocolate sobre una de las rebanadas de brioche. Poner la otra encima y tostar hasta que un aroma delicioso se extienda por la cocina; después, saboréelos a escondidas de sus hijos / vecinos / pareja.

Cuadros de *marshmallows* al chocolate blanco

Para 10 a 12 personas
15 minutos de preparación
Dejar enfriar 1 hora

2 boles
tijeras
1 placa para galletas o 1 plato de gratinar rectangular

100 g de mantequilla fundida y enfriada
1 paquete de galletas para el desayuno desmenuzadas en trocitos
100 g de nueces de coco ralladas
1 un bote de leche condensada azucarada
1 bolsa de *chamallows* rosas y blancos
150 g de chocolate blanco

Mezclar todos los ingredientes excepto el chocolate y los *chamallows*, y extenderlos sobre una placa para galletas. Poner en el frigorífico. Cortar los *chamallows* en trozos con la ayuda de unas tijeras mojadas y extenderlos sobre la mezcla de galletas. Fundir el chocolate blanco y extenderlo sobre los *chamallows*. Dejar enfriar una hora, a ser posible fuera del frigorífico para evitar que la humedad manche el chocolate.

Cuadros de *marshmallows* al chocolate blanco

Barras Naomi

NADA QUE VER CON LA TOP MODEL BRITÁNICA… Cuando las inventaron, ella era apenas un proyecto de sus papás. Entonces ¿por qué el nombre? Me inspira. Ofrezco a menudo como postre estos pastelillos «todo chocolate» cortados en daditos. Lamento sinceramente lo del *custard powder*: es un ingrediente 100 % anglosajón. Una auténtica ironía, porque los ingleses le añaden leche para elaborar su «crème anglaise». Yo le recomiendo reservarlo para este tipo de recetas, y en otros casos haga su propio *custard*. Lo incluyo en la lista de ingredientes porque generalmente se encuentra en supermercados. Si no es así, ponga unas gotas de esencia natural de vainilla y añada 30 g de azúcar glas en su lugar.

Para 8 a 10 personas
20 minutos de preparación
Dejar enfriar 2 horas y 1/2 en total

1 bol (debe lavarse después de cada capa mientras ésta se enfría)
1 placa para galletas o 1 plato para gratinar rectangular
1 batidora eléctrica

Primera capa
100 g de mantequilla
50 g de azúcar
3 cucharaditas de cacao en polvo
100 g de chocolate negro
1 huevo batido
250 g de galletas desmenuzadas
50 g de nueces de coco ralladas
50 g de nueces troceadas (o nueces de pacana)

Segunda capa
50 g de mantequilla reblandecida
250 g de azúcar glas
3 cucharadas soperas de *custard powder* (polvos para natillas)
3 o 4 cucharadas soperas de agua

Tercera capa
80 g de chocolate negro
50 g de mantequilla reblandecida
50 g de azúcar glas

Fundir el chocolate, la mantequilla y el azúcar en el microondas o al baño María. Añadir el huevo batido y calentar a fuego suave sin dejar que hierva. Apartar del fuego y añadir los demás ingredientes.
Extender el preparado sobre una placa o en el plato para gratinar, con un espesor de aproximadamente 1 cm. Dejar en el frigorífico durante 1 hora.
Batir juntos todos los ingredientes de la segunda capa hasta obtener una mezcla lisa y homogénea. Extender ésta sobre la primera capa una vez fría y poner todo en el frigorífico unos 30 minutos.
Fundir lentamente la mantequilla y el chocolate en el microondas o al baño María. Mezclar con el azúcar glas. Extender sobre las otras capas ya frías y dejar en el frigorífico durante 1 hora antes de cortar y degustar.

Galletitas corazón

Para unas 10 galletitas
15 minutos de preparación
15 minutos de cocción
20 minutos para el adorno

1 cortador en forma de corazón
1 placa para el horno
papel rígido
1 cúter (o unas tijeras)

250 g de mantequilla salada muy fría
cortada en daditos
85 g de azúcar
330 g de harina
cacao en polvo para decorar

Trabajar con los dedos o con un robot de cocina
todos los ingredientes, excepto el cacao, hasta
conseguir una mezcla arenosa. Amasar durante
1 minuto sobre una superficie fría y ligeramente
enharinada.
Aplanar con el rodillo de pastelería y cortar las
formas de corazón con un cortador.
Colocar sobre la placa y cocer unos 15 minutos,
hasta que la parte superior de las galletas quede
dorada.
Recortar en el papel pequeños mensajes *(te
quiero, pienso en ti...)*, colocarlos sobre las
galletas y espolvorear con cacao.

Pintura de chocolate

(Sin comentarios)

Para cubrir aproximadamente 1 m²
2 minutos de preparación
Dejar enfriar 5 minutos

100 g de chocolate negro
50 g de mantequilla
2 cucharadas soperas de agua

Fundir los ingredientes en el microondas o al baño
María. Dejar enfriar antes de serviros...

Pintura de chocolate

Cócteles de chocolate

Cóctel pegajoso

60 g de chocolate negro
50 cl de leche entera
1 yema de huevo
1 vaso de ron o de coñac

Calentar la leche y verterla sobre el chocolate cortado en trocitos para fundirlo completamente. Dejar enfriar en el frigorífico. En una coctelera o mezclador, mezclar la leche chocolateada fría con la yema de huevo y el alcohol.

Variantes

Añadir a la leche chocolateada 1 cucharada sopera de azúcar y 3 cucharadas de zumo de naranja fresco con un vasito de Grand Marnier. Añadir a la leche chocolateada 2 cucharadas soperas de miel, la cáscara rallada de un limón, medio vaso de ron, media cucharadita de jengibre en polvo y especias.

Brandy Alexandra

4/10 de nata líquida
3/10 de coñac
3/10 de crema de cacao
cacao en polvo o nuez moscada para adornar

Poner la nata, el coñac y la crema de cacao en una coctelera o un recipiente grande y remover bien. Esparcir cacao o nuez moscada rallada. Un coctel perfecto para el final de una velada.

Salchichón

Las señoras del *Women's institute*, del que hablaba anteriormente, no hubieran pensado nunca en bautizar la receta con este nombre, pero mi comité de degustación francés ha encontrado tan evidente el parecido de este manjar con un salchichón que ha decidido llamarlo así.

Para veinte rodajas
15 minutos de preparación
Dejar enfriar 7 horas

1 bol grande
papel transparente

125 g de chocolate negro
50 g de mantequilla
150 g de avellanas trituradas
12 Pim's de naranja cortados en cuartos
100 g de pasas
2 o 3 cucharaditas de azúcar glas

Fundir el chocolate y la mantequilla al baño María o en el microondas. Añadir los demás ingredientes y mezclar bien. Enfriar un poco en el frigorífico; cuando la mezcla no se pegue mucho a las manos, enrollarla en forma de salchichón. Dejar enfriar al menos 6 o 7 horas. Recubrir de azúcar glas y cortar en rodajas.

CONSEJO • Acompañar con un vino dulce natural mejor que con un tinto poderoso. La receta original propone 3 cucharadas soperas de coñac o de amaretto. Si añade un vasito de alcohol, puede servir el salchichón con el café, después de la comida.

Salchichón

Triple Choc Brownie Crunch

Lo sé, lo sé, esto ya es es *too much*…
¡pero nadie está obligado a repetir!

Para 8 personas
30 minutos de preparación
Dejar enfriar 3 horas

Capa de mousse de chocolate blanco

5 minutos de preparación
Dejar enfriar 3 horas

1 bol
1 cazuela
1 batidora eléctrica

200 g de chocolate blanco
15 cl de nata líquida

Calentar la nata y verterla sobre el chocolate cortado en trocitos. Remover bien hasta que el chocolate quede fundido; la mezcla debe estar lisa y brillante. Dejar enfriar una hora y después batir con la batidora eléctrica.

Capa de brownie

10 minutos de preparación
30 minutos de cocción

1 molde cuadrado o rectangular
2 boles

225 g de azúcar
120 g de chocolate negro
90 g de mantequilla
2 huevos
90 g de harina
50 g de avellanas o nueces de macadamia tostadas y machacadas, o nueces de pacana machacadas

Calentar el horno a180 °C.
Untar con mantequilla un molde cuadrado de 20 cm de lado o un plato para gratinar rectangular que tenga más o menos la misma capacidad.
Batir los huevos. Fundir la mantequilla y el chocolate en el microondas o al baño María y dejar enfriar. Añadir los huevos batidos y después el azúcar y la harina. Mezclar rápidamente pero con delicadeza y después añadir las avellanas o las nueces. Verter en el molde y hornear durante una media hora. La parte superior debe estar crujiente y el interior mullido.

Salsa de chocolate con leche

5 minutos de preparación

1 bol
1 cacerola

20 cl de nata líquida
150 g de chocolate con leche
10 cl de leche entera

Llevar a ebullición la nata con la leche. Verter sobre el chocolate cortado en trocitos y remover bien. Servir caliente o dejar enfriar.

Montaje

Cuando el brownie se haya enfriado del todo, extender una capa de mousse de chocolate blanco y dejarlo en el frigorífico durante al menos 2 o 3 horas.
Antes de servir, trocear el brownie y verter encima la salsa de chocolate con leche. Esparcir trozos de sus barras de chocolate favoritas. La mayor parte de estas barritas crujientes existe también actualmente en forma de bombones.

Pastel rico de chocolate con leche, con dátiles y almendras

Un pastel delicioso en el que la dulzura del chocolate con leche combina con el sabor de los dátiles y las almendras. Se puede sustituir las almendras por avellanas, aún más sabrosas.

Para 8 a 10 personas
15 minutos de preparación
50 minutos de cocción

1 molde hondo de 25 cm de diámetro
1 batidora eléctrica
papel sulfurizado
2 boles

250 g de buen chocolate con leche
3 yemas de huevo
3 huevos
125 g de azúcar de caña
175 g de almendras en polvo
100 g de almendras enteras tostadas
y machacadas
175 g de mantequilla
150 g de dátiles Medjool troceados (si no los
encuentra de esta clase, caliente unos dátiles en
agua con azúcar durante 3 minutos)

Untar el molde y forrar el fondo con un círculo de papel sulfurizado untado con mantequilla.
Calentar el horno a170 °C.
Fundir la mantequilla y el chocolate en el microondas o al baño María. Batir los 3 huevos enteros, el azúcar y las yemas hasta que el preparado blanquee y se espese. Añadir el polvo de almendras, las almendras y los dátiles y mezclar bien. Incorporar el preparado de mantequilla y el chocolate. Verter en el molde y hornear durante unos 50 minutos. Dejar enfriar antes de sacar del molde.
Servir con nata fresca y virutas de chocolate con leche.

Pastel de avellanas al chocolate blanco

Para 6 a 8 personas
15 minutos de preparación
30 minutos de cocción

1 fuente
1 molde
1 batidor

5 claras de huevo
100 g de mantequilla salada fundida
80 g de avellanas en polvo
algunas nueces de pacana como adorno
100 g de chocolate blanco
150 g de azúcar
75 g de harina

Batir las claras de huevo a punto de nieve.
Añadir las avellanas y el azúcar mezclando con delicadeza. Agregar la harina y después la mantequilla fundida.
Poner la mezcla en un molde untado de mantequilla y cocer al horno (200 °C) 15 minutos.
Bajar el horno a 150 °C y hornear unos 10 minutos más.
Retirar del horno, dejar enfriar un poco antes de sacar del molde y una vez extraído dejar enfriar por completo.
Fundir el chocolate y echarlo poco a poco sobre el pastel y las nueces de pacana. Dejar que se endurezca antes de servir.

Pastel rico de chocolate con leche,
con dátiles y almendras

Chocolate para niño

El buen pan con chocolate

Ya sé que lo pedagógicamente correcto sería no hacer distinciones entre lo que es para niños y lo que es para adultos. Pero yo he creado un capítulo aparte por las siguientes razones:

1 Que yo sepa, pocas personas mayores se reúnen el miércoles o el sábado, a eso de las cinco de la tarde, para merendar y / o soplar las velas de un pastel de cumpleaños en una orgía de azúcar.

2 La mayor parte de estas recetas pueden ser preparadas POR los niños, o al menos con su participación activa. Y puesto que ellos siempre prefieren lamer las mezclas antes de cocerlas en las cacerolas, el placer que esto les proporciona es doble.
Y añadamos que los pediatras se quedarán maravillados de sus progresos en motricidad, aprendizaje del gusto, lógica, sociabilidad, etcétera.

3 He probado todas las recetas con mis hijos, sus primos y sus amigos, que han ejercido como auténticos catadores profesionales. Además, les han encantado.

4 El 99 % de las recetas de este capítulo han sido ideadas para momentos excepcionales. No se trata de servirlas en cada merienda, salvo quizá la buena y nostálgica rebanada de pan con chocolate acompañada de un gran vaso de leche. Si, pese a todo, les parece que el azúcar está un poco demasiado presente, hagan como yo: eliminen los brebajes gasificados hipercalóricos y poco vitaminados en provecho de buenos zumos de frutas y de batidos de leche caseros. También en esto les encanta echar una mano.

El buen pan con chocolate

No es tanto una receta como un giño a la infancia. Como merienda siempre a punto, acompañado de un buen vaso de leche, es insuperable. Evidentemente, los expertos en nutrición prefieren este tipo de merienda a los pasteles muy azucarados regados con bebidas gasificadas. Sólo encontrar tiempo… y un aparcamiento para ir a comprar el pan recién hecho.

LOS NIÑOS, LEJOS DE TODO AFÁN DE VARIEDAD, adoran volver a encontrar sus bombones, barritas y cereales preferidos en los pasteles. Y si, además, les damos un nombre divertido, las meriendas se vuelven mágicas.

Ositos dormidos

Cuidado: esta receta suele tener gran éxito. Si está prevista la presencia de adultos, prepare doble cantidad.

Para 10 ositos
15 minutos de preparación
Dejar enfriar 45 minutos

1 fuente
12 cucuruchos de papel de 4 o 5 cm

150 g de chocolate (negro, blanco o con leche)
una docena de ositos de chocolate (¡escoja los menos aplastados!)
4 o 5 puñados de cereales de su alacena

Fundir el chocolate y mezclarlo con los cereales. Con una cucharilla de café, dejar caer un poco de la mezcla en los cucuruchos y aplanarla antes de pegar un osito. Dejar endurecer el chocolate.

Top hats (sombreros de copa)

En mi infancia, una merienda de cumpleaños sin estas fantasías era inconcebible.

Para veinte *top hats*
30 minutos de preparación y enfriado

veinte cucuruchos de papel

1 paquete de bombones de chocolate de colores
1 paquete de *chamallows* (nubes de azúcar)
300 g de chocolate negro o con leche

Fundir el chocolate al baño María o en el microondas. Verter una cucharadita en cada cucurucho y hundir un *chamallow* a media profundidad.
Colocar una gota de chocolate sobre cada *chamallow* y pegar encima un bombón.
Dejar enfriar.

Barras de chocolate caseras

He aquí una actividad gastronómica que los pequeños adoran. Una receta rápida, simpática y deliciosa para niños de todas las edades.

2 o 3 hojas de guitarra u hojas de papel sulfurizado
espátulas para extender el chocolate
1 bol y 1 cuchara para cada niño

chocolate negro, con leche o blanco
(100 a 150 g por niño, según el apetito), procure conseguir chocolate de cobertura, que funde muy fácilmente
paquetes de bombones de chocolate de todas clases (actualmente, los hay de todos los tamaños)
avellanas y pasas
crêpes «dentelle» machacadas
cereales Rice Krispies

Hay que trabajar sobre una superficie fría y lisa. Si no dispone de encimera de mármol o cerámica en la cocina, procure hacerse con unas pequeñas bandejas metálicas sencillas. La habitación debe ser fresca (18 a 19 °C como máximo).
También necesitará, si desea conservar la amistad de los padres de sus invitados, unos delantales o unas camisas de batalla.
Una vez preparados, basta con fundir el chocolate, mezclarlo con el o los ingredientes elegidos, extenderlo todo sobre la hoja de guitarra o el papel sulfurizado y esperar una buena media hora a que la barra se endurezca.
Si ha trabajado sobre bandejitas, puede introducirlas en el frigorífico. Los niños merendarán sus creaciones.
Tenga preparadas unas bolsitas para que puedan llevarse a sus casas los trozos que no hayan consumido.

Tim - 6 años
Chocolate con leche + cereales

Corentin - 9 años
Chocolate con leche + bombones de chocolate

Camille - 10 años
Chocolate negro + avellanas

Tanguy - 5 años
Chocolate blanco y bombones de chocolate

Montaña
de cereales Rice Krispies

He aquí un «pastel» rápido y gracioso. Consiga
una velas largas para darle un aire festivo.

Para 10 a 12 personas
30 minutos de preparación
30 minutos de enfriamiento y montaje

3 boles
4 hojas de guitarra o 4 hojas de papel sulfurizado
un mármol o una superficie lisa y fría

1 paquete de cereales Rice Krispies
(como los del desayuno de los niños)
200 g de chocolate negro y 50 g a parte
150 g de chocolate blanco
150 g de chocolate con leche

Fundir por separado los tres chocolates, al baño
María o al microondas.
La base del pastel: mezclar los 200 g de chocolate
negro con algo más de un tercio de los cereales
Rice Krispies en un bol y formar sobre una hoja de
guitarra o papel sulfurizado un disco de 20 cm
de diámetro. Alisar bien la superficie.
Repartir el resto de los cereales entre los dos
chocolates restantes y mezclar con delicadeza.
Sobre las otras tres hojas, coloque discos de
chocolate de entre 7 y 8 cm de diámetro. Dejar
enfriar el conjunto en un lugar fresco.
Cuando todos los trozos estén fríos y duros,
fundir el resto del chocolate (50 g): servirá como
cola. Montar el pastel sobre la base de 20 cm,
alternando los tipos de chocolate. Pegar las velas
con chocolate fundido y dejar endurecer por
completo.

Huellas digitales

Una receta especial para peques con dotes para el modelado.

Las galletitas

Para unas 36 galletitas
45 minutos de preparación
Unos 15 minutos de cocción

1 fuente
1 bol
2 placas para el horno
1 batidora eléctrica

160 g de harina
50 g de mantequilla a punto de pomada
100 g de azúcar de caña
1 cucharada sopera de leche

Calentar el horno a 180 °C.
Batir la mantequilla y el azúcar juntos.
Añadir la leche hasta obtener una mezcla homogénea. Incorporar la harina y después mezclar con las manos hasta obtener una pasta flexible.
Dividir la pasta en 3 partes y hacer rollos de 2 cm de diámetro. Cortar a continuación cada rollo en 12 trozos.
Confeccionar una bola con cada uno de los trozos haciéndolos rodar entre las manos. Poner las bolas sobre dos placas para el horno y hacer un hoyito en cada una de ellas hundiendo el pulgar.
Hornear durante unos 15 minutos: las galletas deben quedar bien doradas.
Retirar del horno y dejar enfriar.

El glaseado

1 bol grande

125 g de chocolate negro, blanco o con leche según sus preferencias
60 g de mantequilla

Fundir el chocolate y la mantequilla en el microondas o al baño María.
Con una cucharilla, poner en cada hoyito un poco de glaseado. Dejar endurecer antes de degustar.

Pasteles mariposa

Pasteles mariposa

Para unos 20 pasteles
30 minutos de preparación
15 minutos de cocción

1 bol
1 batidora eléctrica
20 cucuruchos de papel
1 molde de pastellos

125 g de mantequilla muy blanda
125 g de azúcar
3 huevos
100 g de harina
25 g de cacao en polvo
1 1/2 cucharadita de levadura química

Crema de mantequilla
200 g de mantequilla blanda
325 g de azúcar glas
40 g de cacao en polvo disuelto
en 2 cucharadas soperas de agua caliente

Calentar el horno a 190 °C.
Colocar los cucuruchos en el molde.
Poner todos los ingredientes en un bol y batir
durante 2 o 3 minutos hasta obtener una mezcla
homogénea. Llenar los cucuruchos hasta la mitad
y hornear unos 15 minutos. Los pastellos deben
quedar bien hinchados por encima y mullidos
al presionarlos con un dedo.
Retirar del fuego y dejar enfriar del todo. Preparar
la crema de mantequilla. Mezclar los ingredientes
hasta obtener una mezcla ligeramente espumosa.
Cortar un disco en el centro de cada pastel; cortar
de nuevo cada disco en dos verticalmente.
Colocar encima del pastel un poco de crema en el
hoyo obtenido y a continuación pegar los dos
trozos al bies para que se asemejen a las alas
de una mariposa.
Espolvorear con azúcar glas y servir.

La tarta en el molde de Jean-François

En la clase de primaria de la escuela de Daumesnil,
Jean-François estaba enamorado de Virginie. Ella,
que ya era chocoadicta, le quería sobre todo por
el pastel de chocolate que les servía la abuela de
Jean-François para merendar… Una vez conse-
guida la receta de la abuelita, Virginia dejó de lado
al pobre muchacho como a un calcetín viejo. ¡Pero
la historia tiene un final feliz: aún conservamos la
receta! Este pastel es una pura delicia, y el hecho
de que no se pueda sacar del molde elimina toda
necesidad de presentación o elementos decorati-
vos. ¡Pocas veces tendrá ocasión de animar a tantas personas a que coman juntas del mismo plato!

Para 8 a 10 personas
10 minutos de preparación
20 minutos de cocción

2 boles
1 plato de tarta de unos 30 cm de diámetro

250 g de mantequilla
250 g de chocolate
250 g de azúcar
6 huevos con las claras y las yemas separadas

Fundir el chocolate y la mantequilla en el
microondas. Batir las yemas y el azúcar hasta que
la mezcla blanquee. Mezclar los dos preparados.
Montar las claras a punto de nieve e incorporarlas
con delicadeza a la mezcla chocolateada. Verter
en el molde y hornear unos 20 minutos. La tarta
subirá y después volverá a caer, dejando una
corteza sobresaliendo por los bordes. Servir en el
molde, un poco tibio si vamos justos de tiempo.

Snobinettes con sorbete o helado

Estos pequeños sorbetes, más un «truco» que
una receta, son geniales para las fiestas y las
meriendas: se pueden preparar con antelación y
conservar en el congelador. Además, no necesitan
cubiertos ni platos. Encontrará las copas de
chocolate en tiendas de productos para
profesionales, en tiendas de congelados e incluso
en grandes superficies.
También puede hacerlas en casa forrando el
interior de cucuruchos de papel con buen
chocolate fundido y con la ayuda de un pincel.
Deje que el chocolate se endurezca al fresco antes
de añadir el sorbete o el helado.

La marquesa

Incluyo esta receta en este capítulo dedicado a los niños porque la corona «*Madame* la marquesa» es muy adecuada para el pastel de cumpleaños de una niña. A muchos críos no les gustan las mezclas tan intensas de crema y mantequilla. Si es éste el caso, es preferible una marquesa de helado a juego con el vestido de la marquesa. Podrá decorarla después con chocolate o frutas frescas y servirla con pastelillos.

Para 8 a 10 personas
20 minutos de preparación
Dejar enfriar una noche

1 molde de marquesa (molde cónico hondo de forma parecida a una falda de dama del siglo XVIII) o 1 terrina o 1 molde hondo
1 busto para decoración (en tiendas especializadas)
1 bol
2 fuentes
plástico de cocina

El pastel

300 g de chocolate negro
180 g de mantequilla a punto de pomada
80 g de azúcar en polvo
4 huevos de los que se habrán separado las claras de las yemas

El chantilly

20 cl de nata líquida
25 g de azúcar glas

Fundir el chocolate en el microondas o al baño María.
Batir el azúcar en polvo con la mantequilla hasta que la mezcla quede bien cremosa y después añadir el chocolate y las yemas de huevo. Batir las claras a punto de nieve firme y mezclarlas con el chocolate en tres tandas, para evitar que las claras se rebajen.
Forrar el molde de marquesa o molde hondo con plástico de cocina y verter dentro el preparado. Dejar toda la noche en el frigorífico.
Al día siguiente, montar la nata líquida al chantilly; para ello, ponerla previamente en el recipiente dentro del frigorífico con bastante antelación para que esté bien fría en el momento de batirla. Ir añadiendo el azúcar glas sin dejar de batir.
Sacar del molde y colocar encima un busto de marquesa. Repartir la crema Chantilly por encima del pastel y decorar el vestido al gusto: ¿qué tal con unas virutas de chocolate?

Pastel del bosque nevado

Un pastel feérico que exige cierto esfuerzo, aunque el resultado vale la pena. Ideal para un cumpleaños en invierno.

40 minutos de preparación
25 minutos de cocción

1 fuente
2 moldes hondos de 23 cm de diámetro
1 batidora eléctrica
1 hoja de guitarra o 1 hoja de papel sulfurizado

120 g de chocolate blanco
25 cl de nata líquida
110 g de mantequilla a punto de pomada
175 g de azúcar
3 huevos
225 g de harina
2 cucharaditas de levadura química

Adorno y glaseado
1 bote de *lemon curd* (crema inglesa)
750 g de azúcar glas + 1 cucharada sopera para adornar
300 g de mantequilla
1 cinta blanca o transparente

Calentar el horno a 180 °C.
Untar los moldes con mantequilla y forrar los fondos con discos de papel sulfurizado.
Calentar la nata y verterla sobre el chocolate removiendo bien. Batir juntos el azúcar y la mantequilla durante 3 o 4 minutos, hasta que la mezcla blanquee y se vuelva espumosa. Añadir los huevos uno por uno, removiendo. Verter a continuación, y alternando, la harina con la levadura y la mezcla de chocolate. Batir cada vez que se añade mezcla (pero no demasiado).
Verter en los moldes y hornear durante 20-25 minutos.
Dejar enfriar 10 minutos en los moldes y después sacar del molde encima de una parrilla; retirar el papel sulfurizado y dejar enfriar por completo.

Cuando los pasteles estén completamente fríos, cortarlos en dos para obtener 4 discos en total. Para la crema de mantequilla, batir el azúcar glas hasta obtener una mezcla esponjosa y homogénea.
Montar el pastel, extendiendo un tercio de la crema de mantequilla sobre el primer disco, seguido de una fina capa de *lemon curd*. Poner el segundo disco encima y repetir la operación. Repetir con el tercer disco y después colocar encima el cuarto y último disco.
Depositar una última capa de *lemon curd* y cubrir completamente de crema el pastel. Con un tenedor, realizar piquitos en la crema para evocar la nieve.

El bosque y los abetos

Para el bosque, dibujar unos abetos en una hoja blanca con un rotulador oscuro. Fundir el chocolate blanco. Colocar una hoja de guitarra (o de papel sulfurizado) sobre la hoja en que se hicieron los dibujos. Con un pincel, pintar con el chocolate rellenando las formas de abeto. Dejar endurecer por completo durante una o dos horas en un sitio fresco. Otra solución, un poco más *por libre*, consiste en dibujar directamente los pinos sobre la hoja de guitarra sin plantilla (como los de la foto). ¡Decida según su habilidad con el pincel!

La nieve

Antes de servir, espolvorear en abundancia con azúcar glas y colocar una cinta alrededor del pastel.

CONSEJO • Si no se atreve con los abetos de chocolate, suprima el «bosque» del nombre y llámelo sencillamente «pastel nevado».

Chocolate *chic*

Después de una buena comida,
ya saciado el apetito y satisfecho el
paladar, me apetecen combinaciones
y aromas mucho más sutiles.
Las especias, las frutas, los contrastes
de texturas y temperaturas, la
presentación y sobre todo la calidad
del chocolate utilizado adquieren
entonces el mayor protagonismo. Soy
muy exigente. Si no es el no va más,
puedo incluso no rebañar mi plato.
Aunque me pasaré todo el día
siguiente pensando en él... ¡Cruel
chocolate!

　Potecitos al Baileys

Dips

A veces, después de una comida no apetece tomar un postre abundante, sino sólo unos bocados de algo con azúcar. Si los aperitivos abren el apetito antes de comer, estas pequeñas golosinas son una especie de aperitivo para complacer el paladar necesitado de azúcar. De usted depende decidir entre variaciones de chocolate, otras mezclas de sabores, colores y texturas, según sus deseos, la temporada y lo que haya podido encontrado entre sus provisiones. Si no tiene vasitos de vodka o de licor, puede usar tazas de café. No he indicado cantidades porque es muy difícil calcularlas para raciones tan pequeñas, sujetas al tamaño de los recipientes.

Ganaché de chocolate con leche, marrons glacés y nata fresca

La ganaché se prepara con la misma cantidad de chocolate y nata líquida. Calentar la nata, verterla sobre el chocolate, remover y verter enseguida en los recipientes. Dejar enfriar antes de desmenuzar los marrons glacés y cubrir el conjunto con un poco de nata fresca para dar un punto de acidez.

Crema de ciruelas al Armagnac con mascarpone y chocolate negro

Si no encuentra crema de ciruelas hecha, puede escalfar unas ciruelas pasas en agua durante uno o dos minutos y pasarlas por la batidora. Añadir un poco de Armagnac y verter parte del preparado en el fondo del recipiente. Batir el mascarpone para suavizarlo y poner una capa sobre la crema de ciruelas. Completar con unos trozos de chocolate negro para picar.

Ruibarbo, mousse de chocolate blanco, galletas de Reims machacadas

Escalfar el ruibarbo en agua con un poco de azúcar. Cuando empiece a fundirse, aplastarlo con un tenedor.
Verter este preparado en los recipientes.
Hacer una mousse según la receta de la página 20 y colocar un poco sobre la compota de ruibarbo. Cubrir el conjunto con galletas de Reims aplastadas para hacerlo crujiente y darle color.
Servir las copas con los objetos de chocolate que prefiera para «mojar» y disponer cucharitas para que no se pierda ni una gota.

Potecitos al Baileys

Para 6 a 8 personas
5 minutos de preparación
Dejar enfriar 1 hora

2 boles
1 batidora eléctrica
6 u 8 boles pequeños o platillos hondos

200 g de chocolate negro
20 cl de nata líquida
4 cucharadas soperas de mascarpone
5 cucharadas soperas de Baileys
virutas de chocolate para adornar

Fundir el chocolate en el microondas o al baño María.
Batir la crema y el mascarpone antes de incorporar el Baileys.
Verter la crema en recipientes individuales, derramar el chocolate fundido revolviendo con una cucharilla para hacer surcos en la crema, decorar con virutas de chocolate y dejar enfriar una hora en el frigorífico antes de servir

Tejas de granola con granizado de café

Para 6 personas
5 minutos de preparación
Dejar enfriar 4 horas

1 bol
1 recipiente tipo Tupperware
1 hoja de guitarra o 1 hoja de papel sulfurizado

Tejas
granola (véase p. 86)
200 g de chocolate negro

Granizado
75 cl de café exprés muy fuerte
150 g de azúcar

Fundir el azúcar en el café y dejar enfriar completamente antes de colocar el conjunto en el congelador, dentro de un recipiente de plástico.
Cada hora –de un total de cinco– rascar el granizado con un tenedor a fin de romper los cristales de café que se irán formando.
Fundir el chocolate y depositar formas redondeadas pero irregulares de unos 10 cm de diámetro sobre la hoja de guitarra o el papel sulfurizado. Echar unas cucharadas de granola por encima y dejar endurecer. Servirlo todo junto.
Si no tiene tiempo de preparar el granizado de café, existen en el mercado excelentes sorbetes de café y de chocolate muy amargo.

Tejas de granola
con granizado de café

Pastel «lo he hecho yo» con frutas rojas

Se necesita un poco de mano para conseguir el recipiente de chocolate. Pero en una ocasión seña-
lada o cuando queramos causar sensación, este pastel cumplirá perfectamente el objetivo.

Para 12 personas
Unas 2 horas en total

La genovesa

5 minutos de preparación
25 minutos de cocción

1 fuente
1 batidora eléctrica o 1 robot
2 moldes hondos de 20 cm de diámetro

225 g mantequilla muy blanda o de margarina
225 g de azúcar
4 huevos
225 g de harina
3 cucharadas soperas de cacao en polvo
mezcladas con 3 cucharadas soperas de agua
caliente
2 cucharaditas de levadura química

Calentar el horno a 180 °C.
Untar con mantequilla y harina los dos moldes.
Poner todos los ingredientes en una fuente y batir
con la batidora eléctrica hasta que la mezcla
quede bien homogénea. Verter en los moldes
y hornear durante 25 minutos. La parte superior
del pastel debe estar mullida al apoyar el dedo
en ella.
Sacar del horno y dejar enfriar unos minutos;
a continuación, sacar del molde y dejar sobre
una rejilla.

La ganaché

5 minutos de preparación
Dejar enfriar 10 minutos

1 cacerola
1 bol grande
1 batidora eléctrica

300 g de chocolate negro
30 cl de nata líquida

Llevar la nata a ebullición y verterla sobre el
chocolate cortado en trocitos; la nata hará fundir
el chocolate. Remover hasta obtener una mezcla
lisa y brillante.
Batir enseguida con la batidora eléctrica hasta
obtener una mezcla esponjosa y fría.
Cortar los pasteles en dos para formar 4 discos.
Extender la ganaché sobre un disco y colocar el
segundo. Repetir la operación 2 veces y después
adornar la parte superior del pastel con el resto
de ganaché. Poner en el frigorífico.

El recipiente y la decoración

10 minutos de preparación

2 hojas de guitarra o de papel sulfurizado
1 espátula
tijeras
1 regla
1 bol
1 ayudante para el recipiente del pastel

200 g de chocolate negro
350 g de frutas rojas variadas

Trabajar en una habitación fresca (18 / 19 °C)
y seca.
Medir la altura del pastel con la regla. En una de
las hojas, cortar una franja cuya anchura
corresponda a la altura del pastel y la longitud
a un poco más que la circunferencia completa
del pastel.
Para recuperar el sobrante de chocolate que se
desbordará en el proceso, colocar la segunda
hoja, sin recortar, sobre un mármol u otra
superficie fría y lisa, y la franja recortada encima.
Fundir el chocolate en el microondas o al baño
María. Verter el chocolate fundido sobre la franja
y extenderlo regularmente con una espátula.
Dejar enfriar el chocolate, que debe endurecerse
ligeramente. No debe estar fluido sino quedar
bastante flexible para que pueda adoptar la forma
del pastel.
Con la ayuda de alguien, si es posible, tomar la
franja y pegarla apretando ligeramente,
con el chocolate hacia el interior del pastel.
Decorar la parte superior del pastel con frutas
rojas de temporada.
Colocar el pastel en el frigorífico. Retirarlo
20 minutos antes de servir, quitando la hoja justo
un momento antes.

Rollo de chocolate

Creo que esta receta es la más difícil del libro. El problema no está en la preparación ni en el horneado, sino en la técnica de enrollado del pastel. Seguro que es usted menos torpe que yo, pero de todos modos, lea las instrucciones con atención y no se salte ningún detalle. Verá como el resultado vale la pena. Una vez que le haya cogido el «tranquillo», podrá combinar este maravilloso postre con infinidad de cremas, de salsas y de deliciosos complementos crujientes.

Para 8 personas
25 minutos de preparación
20 minutos de cocción

2 fuentes
1 placa para galletas
papel sulfurizado o 1 tabla de cocción de silicona
1 batidora eléctrica

5 huevos de los que se habrán separado las claras de las yemas
175 g de chocolate negro en pastillas o cortado en trozos pequeños
175 g de azúcar
2 cucharadas soperas de azúcar glas
2 cucharadas soperas de cacao en polvo

Calentar el horno a 180 °C.
Poner el papel o la tabla sobre la placa de galletas.
Fundir el chocolate en el microondas o al baño María.
Batir las yemas y el azúcar hasta que la mezcla blanquee y quede esponjosa. Añadir con delicadeza el chocolate fundido, que se habrá dejado enfriar un poco, y mezclarlo todo.
Batir las claras a punto de nieve no muy firme e incorporarlas a la mezcla en tres tandas, para que las claras no decaigan mucho.
Extender sobre la placa y alisar. Hornear entre 15 o 20 minutos hasta que el bizcocho esté firme por encima pero mullido al presionar con el dedo.
Sacar del fuego, poner una segunda hoja de papel sulfurizado sobre el bizcocho caliente y dejarlo enfriar.

Una vez frío el bizcocho, retirar con cuidado la hoja de papel de encima y espolvorear con azúcar glas y cacao en polvo la superficie de la cara de esta hoja que no estuvo en contacto con el bizcocho.
Con mucho cuidado –si es posible, busque algún ayudante–, dar la vuelta al bizcocho para posarlo encima de la hoja previamente espolvoreada de azúcar y cacao.
Ahora tenemos el bizcocho tapado por la hoja sobre la cual se ha horneado. Retirar esta hoja con delicadeza.
Si desea que su rollo tenga los bordes rectos, iguálelos cortándolos en línea recta por los lados.
Rellenar el rollo empezando a 2 cm del ancho del bizcocho y cuidando de no extender una capa demasiado espesa.
Después, con la ayuda del papel que ha quedado bajo el bizcocho, empezar a enrollar. La primera vuelta tiene que ser forzosamente muy cerrada (apenas 2 cm de diámetro) para que el pastel se enrolle bien sobre sí mismo. No se preocupe si el bizcocho se agrieta en algunos sitios: así su aspecto será más bonito y apetitoso.
Para conservar mejor la forma del rollo, puede dejar el papel envolviendo el pastel mientras se enfría, retirándolo justo antes de servir.

El relleno

Utilice una de sus recetas favoritas de las páginas kit.

Croquetas de chocolate

Para 8 personas
15 minutos de preparación
Dejar enfriar 8 horas

1 cazuela
1 batidora eléctrica
2 boles

200 g de chocolate negro
4 yemas de huevo
80 g de azúcar el polvo
10 cl de leche entera
20 cl de nata líquida

Batir las yemas de huevo con el azúcar hasta que
la mezcla blanquee. Calentar la leche y la nata,
verter sobre las yemas y después cocer (como
para una crema inglesa).
Cuando la mezcla se espese, verterla sobre el
chocolate, removiendo sin cesar.
Cubrir y dejar una noche en el frigorífico.
Hacer unas croquetas con la ayuda de dos
cucharas soperas y servir con frutas frescas.

CONSEJO • Si le resulta cargante preparar la
crema inglesa, puede hacer las croquetas con
una ganaché:
Verter 25 cl de nata líquida muy caliente sobre
200 g de chocolate, mezclar bien hasta obtener
una crema homogénea y dejar enfriar toda una
noche en el frigorífico antes de servir.

Chocolate chic   Pera asada rellena de pesto de chocolate

Pastel a la galleta de Emmanuelle

Pera asada rellena de pesto de chocolate

Para 4 personas
5 minutos de preparación
15 minutos de cocción

1 mini picadora eléctrica
1 fuente

4 peras firmes de forma regular y que tengan rabillo.
4 cucharadas soperas de nueces, avellanas, pistachos, almendras, nueces de pacana, etc, mezcladas y finamente picadas
4 cucharadas de café de miel
50 g de mantequilla salada
4 cucharadas soperas de pepitas de chocolate negro

Cortar un «sombrero» de las peras, extraer el corazón y las semillas. Mezclar todos los ingredientes menos la mantequilla hasta formar una pasta espesa.
Rellenar las peras rebasando ligeramente los bordes, poner un poco de mantequilla sobre este «pesto», colocar el «sombrero» de la pera y asar al horno (180 °C) durante unos 15 minutos. Servir calientes con un buen helado de vainilla.

Milhojas de chocolate blanco y frambuesas

Para 4 personas
30 minutos de preparación

2 boles
1 batidora eléctrica
1 hoja de guitarra o de papel sulfurizado
1 manga pastelera

200 g + 100 g de chocolate blanco
400 g de frambuesas frescas
10 cl de nata líquida
2 o 3 cucharadas soperas de azúcar glas

Fundir 200 g de chocolate y formar 12 rectángulos o círculos sobre el papel sulfurizado o la hoja de guitarra. Dejar enfriar. Batir la nata líquida e incorporar el resto del chocolate blanco para formar una mousse.
Para montar el milhojas, colocar una hoja de chocolate frío en el plato de servir y después, con la manga pastelera, depositar una capa de mousse. Colocar un segundo trozo de chocolate y presionar ligeramente para que se aguante bien. Poner sobre el nuevo trozo unas frambuesas bien alineadas y coronarlo con un último trozo de chocolate.
Espolvorear con azúcar glas antes de servir.

Pastel a la galleta de Emmanuelle

El ingrediente estrella de este pastel, uno de los bizcochos favoritos de los niños, merece también toda la aprobación de paladares adultos. Para cortar en rebanadas extrafinas.

Para 8 personas
15 minutos de preparación
Dejar enfriar 12 horas

1 cacerola
1 bol grande
1 molde de terrina (o cuadrado)
plástico de cocina

unos 150 g de galletas
40 g de merengue
2 huevos ligeramente batidos
150 g de azúcar
50 g de cacao
100 g de chocolate negro
300 g de mantequilla

Con los dedos, partir en trocitos las galletas con el merengue. Sobre todo, no hacerlos polvo: deben salir trozos desiguales de alrededor de 1 cm.
Fundir el chocolate y la mantequilla en el microondas o al baño María y dejar enfriar. Añadir los huevos, el azúcar y el cacao; mezclar bien.
Forrar un molde de terrina con plástico de cocina y verter el preparado apretándolo un poco.
Dejar en el frigorífico 6 horas como mínimo, mejor toda la noche, si es posible.
Servir el pastel con crema batida, por ejemplo.

CONSEJO • He cambiado un poco la receta de Emmanuelle, que propone 90 g de cacao como único ingrediente de chocolate. Yo prefiero mezclar chocolate negro fundido para hacer más untuoso el preparado y un poco menos fuerte. Puede probar ambas opciones. Ventajas de la versión de Emmanuelle: ¡no hace falta cacerola!

Milhojas de chocolate blanco y frambuesas

Sorbete de cacao y caramelo con sésamo, naranja y jengibre confitados

Soy una persona desorganizada por naturaleza, sobre todo en cuanto a las comidas, y llevo un año reñida con mi heladera por lo que prefiero procurarme golosinas heladas en la tienda de un buen especialista. Esta sencilla receta ha sido elaborada en el River Café de Londres. Me ayudó a superar mi bloqueo y a reconciliarme con esa máquina diabólica que, en mi casa, fabrica tanto sopa congelada como cubitos azucarados... al parecer, sólo hace falta domesticarla. ¡Yo lo conseguí!

Para 6 a 8 personas
10 minutos de preparación
20 minutos de cocción

1 sorbetera
2 cacerolas, una de ellas de fondo grueso (para el caramelo)
1 tabla de silicona o 1 mármol

El sorbete

150 g de cacao en polvo
75 cl de agua mineral
250 g de azúcar en polvo
1/2 vaso de Vecchia Romagna (o de coñac, Armagnac o ron negro)

Hervir 5 minutos el agua con el azúcar. Añadir el cacao; mezclar y dejar cocer a fuego suave 15 minutos. Dejar enfriar.
Añadir el alcohol y poner en la sorbetera.

La decoración

3 palitos de naranja confitada y 1 cucharada sopera de jengibre confitado cortados en trocitos
2 cucharas soperas de sésamo rubio

Dorar el sésamo en una cacerola o en una placa de horno a 180 °C durante 1 o 2 minutos. Mezclar el sésamo y los trozos de frutos confitados; hacer montoncitos sobre el mármol o la tabla de silicona.

El caramelo (¡por lo menos hasta aquí llego!)

100 g de azúcar

Hacer un caramelo con el azúcar calentándolo a fuego muy suave en una cacerola de fondo grueso, verterlo sobre el sésamo y los frutos confitados para crear bonitas formas irregulares y dejar enfriar. Para servir, hacer bolas de sorbete y hundir en ellas trocitos de caramelo.

CONSEJO • Si no dispone de la máquina diabólica, cosa que comprendo perfectamente, puede optar por una versión simplificada de esta receta: compre en una buena heladería un sorbete de chocolate. También puede encontrarlos en algunas tiendas de ultracongelados.

Dacquoise a la crema de chocolate con avellanas caramelizadas

Para 10 a 12 personas
40 minutos de preparación
1 hora de cocción
Dejar enfriar 4 horas

2 boles
2 cacerolas
1 mármol o 1 tabla de silicona
2 placas para el horno
2 tablas de silicona o 2 hojas de papel sulfurizado

Para la dacquoise
200 g de avellanas en polvo
12 claras de huevo
350 g de azúcar

Para la crema de chocolate
6 yemas de huevo
100 g de chocolate negro
60 g de azúcar
2 cucharadas soperas de harina
30 cl de leche entera
30 cl de nata líquida

Para la nata líquida
30 cl de nata líquida
2 cucharadas soperas de mascarpone
1 cucharada sopera de azúcar

Para las avellanas al caramelo
3 cucharadas soperas de avellanas peladas
100 g de azúcar

Calentar el horno a 150 °C.
Batir las claras a punto de nieve firme.
Añadir 100 g de azúcar y seguir batiendo hasta obtener una mezcla brillante. Incorporar delicadamente el resto del azúcar con una cuchara y después las avellanas en polvo. Extender 4 discos de merengue sobre las dos placas y hornear durante 1 hora.
Apagar el horno y dejar enfriar por completo antes de sacar los discos.
Batir las yemas junto con el azúcar y la harina hasta que la mezcla blanquee y quede esponjosa. Llevar a ebullición la nata con la leche y verter sobre la mezcla. Volver a poner al fuego y calentar a fuego medio removiendo continuamente. Cuando la crema empiece a hervir, bajar el fuego y dejar cocer suavemente durante 1 o 2 minutos, el tiempo necesario para que la crema se espese. Incorporar el chocolate, dejar que funda y mezclar bien.
Dejar enfriar por completo.
Batir la crema con el mascarpone y el azúcar.
Hacer un caramelo con el azúcar y verter sobre las avellanas puestas sobre el mármol o la tabla de silicona. Dejar endurecer.
Para montar el pastel, alternar capas de crema, crema de chocolate y discos de dacquoise y decorar con las avellanas al caramelo.

CONSEJO • Si tiene buena maña con la manga pastelera, haga espirales para obtener discos más uniformes.

Pavlova de chocolate, limón verde y frutas de la pasión

Para 8 personas
20 minutos de preparación
1 hora de cocción
Dejar enfriar 2 horas

1 batidora eléctrica
1 fuente
1 tabla de silicona o de papel sulfurizado
1 placa para el fuego
2 boles

Para el merengue

8 claras de huevo
300 g de azúcar de caña
3 cucharadas soperas de cacao en polvo
1 cucharadita de vinagre de vino tinto

Para la crema

30 cl de nata líquida
2 cucharadas soperas de mascarpone (opcional)
el zumo de 5 frutas de la pasión
el zumo y la cáscara de un limón verde
2 cucharadas soperas de azúcar

Precalentar el horno a 150 °C.
Batir las claras a punto de nieve con la mitad del azúcar y añadir después el resto sin dejar de batir.
Incorporar enseguida el cacao y el vinagre y mezclar muy suavemente hasta obtener un preparado homogéneo.
Poner el merengue sobre la tabla de silicona o el papel sulfurizado, extendiéndolo en forma de anillos.
Hornear durante 1 hora, apagar el horno y dejar enfriar por completo.
Batir la crema con el mascarpone (si se utiliza), y después añadir el zumo de limón y de frutas de la pasión y la cáscara de limón.
Poner la crema en el centro de los merengues.
Reservar en el frigorífico hasta el último minuto antes de servir.

Tarta de chocolate praliné y caramelo al cacao

Tarta absoluta

Tarta absoluta
Pasta sablée de chocolate
(véase chocolate en kit en la página 28)

La base de chocolate
5 minutos de preparación

150 g de chocolate negro

Fundir el chocolate en el microondas o al baño María. Forrar el interior de la base de la tarta con un pincel y dejar endurecer por completo antes de verter la crema de chocolate.

La crema de chocolate
10 minutos de preparación
Dejar enfriar 1 hora

200 g de nata líquida
300 g de chocolate negro
3 yemas de huevo
40 g de mantequilla

Calentar la nata, verter sobre el chocolate y remover bien. Incorporar enseguida las yemas y la mantequilla. Verter sobre la base de la tarta y dejar enfriar.

La decoración

1 tabla de silicona o 1 mármol
1 cacerola de fondo grueso (a ser posible)

100 g de azúcar
1 cucharadita de cacao en polvo

Fundir a fuego muy suave el azúcar en una cacerola, dejar que caramelice, añadir el cacao tamizado y remover bien antes de crear unas formas sobre la tabla o el mármol. Dejar endurecer y después decorar la tarta.

Tarta de chocolate praliné y caramelo al cacao
Pasta sablée
(véase chocolate en kit en la página 28)

La crema de chocolate praliné
5 minutos de preparación

1 bol

50 g de chocolate negro
250 g de gianduja (o de chocolate praliné en barras)
20 cl de nata líquida

Llevar la nata a ebullición y verterla sobre los dos chocolates. Remover bien y extender sobre la base de tarta cocida. Dejar enfriar.

La decoración

1 hoja de guitarra o 1 hoja de papel sulfurizado
1 bol

50 g de chocolate negro
1 cucharada sopera de pedazos de semillas de cacao

Fundir el chocolate, hacer formas muy finas en abanico sobre el papel sulfurizado o la hoja, esparcir alguños trozos de semillas de cacao y dejar enfriar antes de completar la tarta.

Tartaletas de chocolate blanco
Para 10 tartaletas o 1 tarta de 30 cm
10 minutos de preparación
10 minutos de cocción

Pasta sablée de almendras
(ver chocolate en kit en la página 28)

1 cortador y moldes de tartaletas de 8 cm de diámetro

Las orlas de chocolate

100 g de chocolate negro

Extender la pasta sobre la superficie de trabajo Cortar círculos con el cortador, colocar las bases de tarta en los moldes de tartaleta y hacer cocer en blanco (lastrando con garbanzos secos) unos 10 minutos. Dejar enfriar completamente y sacar las tartaletas de los moldes. Fundir el chocolate en el microondas o al baño María y verterlo en un plato hondo. Mojar los bordes de las tartaletas en el chocolate y dejar endurecer antes de rellenar con la crema de chocolate blanco.

Crema de chocolate blanco
(véase chocolate en kit en la página 30)

Tartaletas de chocolate blanco

Pastel del tercer mes del año

Una amiga inglesa me ha remitido esta receta de pastel bastante espectacular, con sus dos capas horneadas al mismo tiempo. Yo le añado trozos de barritas chocolateadas para dar un poco de textura. No diga nada y fíjese si sus invitados descubren este ingrediente que los niños adoran. El único electrodoméstico necesario será la batidora eléctrica.

Para 8 personas
15 minutos de preparación
40 minutos de cocción
Dejar enfriar 2 horas
Puede prepararse la noche anterior

1 batidora eléctrica
1 bol grande
1 bol pequeño
1 tamiz
2 moldes hondos de 20 cm de diámetro
papel sulfurizado

La genovesa

115 g de mantequilla en punto de pomada
280 g de azúcar
3 huevos de los que se habrán separado las claras de las yemas
50 g de cacao en polvo mezclado con
22,5 cl de agua caliente
180 g de harina
1 cucharadita de levadura química
3 o 4 barrilas chocolateadas con caramelo cortadas en finas láminas
20 cl de nata líquida
1 cucharada sopera de mascarpone (opcional)

El merengue

3 claras de huevo
120 g de azúcar

La genovesa

Calentar el horno a 160 °C.
Untar con mantequilla y enharinar el fondo de dos moldes hondos.
Para evitar contratiempos en el momento de sacar del molde, poner un disco de papel sulfurizado, untado con mantequilla por encima, en el fondo de los moldes.
Batir la mantequilla y el azúcar unos 3 minutos, hasta obtener una mezcla cremosa. Añadir las yemas de huevo una por una mientras se bate. Incorporar la mezcla de agua y cacao, y después la harina y la levadura tamizadas. Mezclar con suavidad. Poner la mezcla en los moldes e igualar la superficie.

El merengue

Para el merengue, batir las claras a punto de nieve fuerte con la mitad del azúcar y añadir poco a poco el azúcar restante, sin dejar de remover. Poner el merengue sobre el preparado de chocolate, dejando 2 cm alrededor para permitir que aumente de volumen y cubra la superficie del pastel al hornear.
Cocer de 35 a 40 minutos. Dejar enfriar en los moldes y sacar después con mucho cuidado para no romper el merengue.

La decoración final

Montar la nata líquida con el mascarpone en Chantilly, añadir los trozos de barras chocolateadas y extender sobre una capa de merengue. Coronar con el segundo pastel y servir.

Astucias

profesionales

EL CHOCOLATE ESTÁ HECHO DE PASTA DE CACAO (mezcla de extractos secos de la semilla y mantequilla de cacao), de mantequilla de cacao, de azúcar y, si es con leche, de leche en polvo. El chocolate blanco no contiene extracto seco de la semilla, sólo mantequilla de cacao, azúcar y leche en polvo.

Los fabricantes añaden lecitina de soja o de colza, que son emulsionantes naturales.

Los más puristas procuran utilizar únicamente productos garantizados sin OGM (Organismos Genéticamente Modificados). Un chocolate que no contenga ningún tipo de grasa vegetal aparte de la mantequilla de cacao tendrá forzosamente más sabor y textura.

Pastillas y bloques de chocolate de cobertura

El chocolate de cobertura es el que utilizan los profesionales. Es muy rico en mantequilla de cacao, lo que lo hace fluido y fácil de trabajar y templar. Su gran calidad se debe a la cuidadosa selección de las semillas de cacao empleadas en su fabricación. Pídalo en su chocolatería o en tiendas especializadas.

Virutas de chocolate ya hechas

Las virutas de chocolate preparadas que se encuentran en tiendas de *delicatessen* y secciones de repostería están fabricados con un chocolate menos rico en mantequilla de cacao con el fin de endurecer la materia y permitir que su forma se mantenga. Resultan muy útiles.Busque una marca de calidad.

Trozos de semillas de cacao

Son las cáscaras de las semillas molidas. Dan un poderoso sabor de cacao y un aspecto crujiente, muy atractivo en almendrados, caramelos, palets y tejas.

Pepitas de chocolate

Fabricadas con un chocolate menos rico en mantequilla de cacao, que permite que la pepita se funda y recobre casi la misma forma después de la cocción. Útiles para galletas y pastas.

pastillas
bloques
virutas
trozos
semillas
pepitas

Cortadores

Muy útiles para cortar pastas y galletas; los encontrará en sus diversas formas en todas las tiendas de cocina. Los cilíndricos se utilizan más como círculos para apilar los ingredientes y crear capas. (Véase el Banoffee en la página 56.)

Hoja de guitarra

Es un plástico mágico para hacer adornos. Consulte la página 154 para ver todo lo que se puede hacer con este elemento.

Moldes y tablas de silicona

Un material que ya no está reservado sólo a los profesionales. Realmente genial, acaba con la necesidad de engrasar y permite que todo salga del molde como por arte de magia. Soporta desde el congelador a un horno a 300°.
La tabla de silicona nos permite hacer merengues, galletas y caramelo como lo haría un chef (aunque no es un material para hacer formas de chocolate).

Espátula acodada

Ideal para glasear los pasteles
y extender el chocolate en el mármol.

Triángulo

Permite hacer virutas de chocolate.
(Véase «Adornos» en la página 156.)

Manga pastelera

La de la fotografía es desechable, así que olvídese de lavados y secados. Como el efecto buscado es liso, no hace falta añadir boquilla. Para recetas como el Milhojas de chocolate blanco y frambuesas de la página 132 y las Ciruelas pasas rellenas de ganaché de la página 38, nos puede servir perfectamente una bolsa de plástico para el congelador con un corte en una esquina.

Varilla para remojar

El utensilio del chocolatero profesional para recubrir bombones, frutos secos, trufas y pastas de almendra. Ligera y recta, es muy superior al tenedor corriente.

cortadores

hoja de guitarra

moldes

espátula

manga pastelera

varilla

El templado, modo de empleo

TEMPLAR EL CHOCOLATE ES UNA TÉCNICA QUE PERMITE CONSERVAR SU BRILLO y evitar marcas blancas de mantequilla de cacao en el momento de moldearlo; si no lo hace, tampoco altera en nada su sabor.

Cuando compramos una tableta, ésta brilla. Si queremos cambiarle la forma y recuperar la dureza y el mismo aspecto brillante que tenía anteriormente, para poder trabajarla será necesario calentarla, enfriarla y calentarla de nuevo. El método más fácil y rápido es el de los «2 tercios / 1 tercio». Para ello, es preferible utilizar pastillas de chocolate.

1 Proveerse de un termómetro de cocina y calentar dos tercios del chocolate en el microondas o al baño María sin añadir agua ni leche, hasta que la temperatura se acerque a los 45 °C.

2 Mezclar cuidadosamente y añadir el tercio de chocolate restante. Esto hará bajar el calor rápidamente.

3 Remover hasta que todas las pastillas estén perfectamente fundidas.

4 Recalentar a unos 30 °C para poder trabajarlo (tejas, moldeados, adornos…).

Si dispone de chocolate de cobertura, las curvas de temperatura a respetar vienen indicadas en el modo de empleo.

Si todo esto le parece complicado, es normal: no olvide que una formación de chocolatero no se improvisa; pero con los útiles e ingredientes adecuados, no tendrá ningún problema para seguir estas recetas.

Si para una ocasión particular o una cena de compromiso necesita un postre a la altura de las circunstancias, no tenga el menor reparo en acudir directamente a su chocolatero o pastelero y encargar la tarta o pastel que le parezca más irresistible.

UN PEQUEÑO ESFUERZO DE DECORACIÓN y sus postres de chocolate se transformarán en pequeñas obras maestras.

La hoja de guitarra

Uno de los trucos profesionales más notables que he descubierto es la hoja de guitarra.

Se trata de un plástico especial que, colocado sobre una superficie fría, permite que el chocolate, una vez endurecido, se despegue como por arte de magia. Además, el lado que haya estado en contacto con la hoja quedará brillante, incluso si no se ha templado el chocolate (véase p. 152).

La hoja de guitarra le permitirá retorcer el chocolate, dibujar formas y letras y rodear sus pasteles de una banda de chocolate. Numerosos adornos de esta obra, como el pastel del bosque nevado, la tarta al praliné o el pastel «lo he hecho yo», han sido realizados con este útil.

Los palets, *mendiants*, tejas y frutas recubiertas del capítulo «Mordiscos de chocolate» han sido posibles gracias a esta hoja.

Podrá encontrarla en tiendas especializadas y en proveedores de profesionales. (Pero no vaya contándolo por ahí: guarde para usted este pequeño secreto.)

Virutillas

La mejor forma de hacerlas es utilizar un pelapatatas sobre la tableta a temperatura ambiente. Basta con ir rallando la superficie del chocolate.

Virutas en forma de cigarrillos y de abanicos

Es algo más delicado, porque hay que derramar el chocolate sobre una superficie fría y dejarlo enfriar aunque no demasiado. Una superficie de mármol resulta perfecta.

Provéase de un triángulo (véase p. 150) y sobre todo practique.

Rascando el chocolate con un movimiento recto obtendrá los cigarrillos; imprimiendo suaves giros obtendrá abanicos. Hay que trabajar deprisa, mientras el chocolate mantiene la consistencia adecuada.

Cacao en polvo y azúcar glas

Incombustibles y siempre embellecedores. Sobre todo, utilice un tamiz bien fino.

Bombones

Un buen número de sus barras chocolateadas están en la actualidad disponibles en trozos, versiones mini o *bolas*. Añaden la cualidad de crujiente y un aspecto clásico más bonito. (Si ha utilizado usted el mejor chocolate para realizar su pastel, estoy segura de que el santo de los chocolates perdonará esta desviación del recto camino de la calidad.)

Directorio gourmet

He aquí algunas direcciones golosas donde el chocolate es el rey.

Los artesanos chocolateros y los otros

Berthillon
La cumbre del helado y el sorbete en París.
Tan conocida que a veces hay que hacer cola en la calle.
31, rue Saint-Louis-en-l'Ile, 75004 París.
Tel. 01 43 54 31 61.

Chocolaterie Saunion
Bali, Lillet, Magniolia... Ciertamente, la familia Lalet tiene talento.
56, cours Georges-Clemenceau, 33000 Burdeos.
Tel. : 05 56 48 05 75.

Fauchon
Entre otros postres a probar sin dilación, el Augusto, una especialidad de chocolate perfumado.
26-30, place de la Madeleine, 75008 París.
Tél. : 01 47 42 60 11.

François Gillmann
Los habitantes de Estrasburgo se deleitan con su Chocofleur o el Negresco.
20, quai des Bateliers, 67000 Estrasburgo.
Tel. : 03 88 36 47 05.

Gérard Mulot
En pleno Saint-Germain-des-Près. Esta casa confecciona la *Magie-Noire*, pastelería a la crema de chocolate.
76, rue de Seine, 75006 París.
Tel. : 01 43 26 85 77.

Jean-Paul Hévin
Si los bombones de chocolate fuesen joyas, seguramente los encontraríamos en esta prestigiosa casa.
231, rue Saint-Honoré, 75001 Paris.
Tél. 01 55 35 35 96.

Joël Durand
Quien no ha probado su bombón de chocolate a las olivas negras o su bombón de chocolate con leche a la menta fresca desconoce un gran momento de dicha.
3, boulevard Victor-Hugo, 13210 Saint-Rémy-de-Provence. Tel. : 04 90 92 38 25.

Ladurée
Los macarrones dulces más finos del mundo... en todas las variedades. Hay también un excelente salón de té donde pueden degustarse sus creaciones de pastelería (por ejemplo, la Religiosa de chocolate de la página 52).
16, rue Royale, 75008 París.
Tel. 01 42 60 21 79
75, av. des Champs-Élysées, 75008 París.
Tel. 01 40 75 08 75.
Magasin du Printemps
62, bd Haussmann, 75009 París.
Tel. 01 42 82 40 10.

La Maison du Chocolat
Un lugar de referencia ineludible, toda una institución. Pruebe también la pastelería.
225, rue du Faubourg-Saint-Honoré, 75008 París.
Tel. : 01 42 27 39 44.

Lenôtre
Inconmensurable.
15, boulevard de Courcelles, 75008 París.
Tel. 01 45 63 87 63.

Maison Boissier
Toda la magia y el *savoir-faire* de un chocolatero y confitero establecido desde 1827. Para auténticos fanáticos del chocolate.
184, avenue Victor Hugo, 75016 París.
Tel. 01 45 03 50 77.

Stohrer
La tarta de chocolate, divina delicia, se funde en la boca como una caricia.
51, rue Montorgueil, 75002 París
Tel. : 01 42 33 38 20.

¿Dónde beber chocolate?

Angélina
Un enorme salón frente a las Tullerías donde degustar el Africano, acompañado de una copa de nata batida y de un vaso de agua fresca.
226, rue de Rivoli, 75001 París.
Tel. : 01 42 60 82 00.

La Charlotte de l'Isle
El chocolate de Sylvie Lenglet nos recuerda las meriendas de la infancia. La decoración del lugar también ayuda.
24, rue Saint-Louis-en-l'Isle, 75004 París.
Tel. : 01 43 54 25 83.

En España

Bombones Blasi
Toda una institución, estos fabricantes y distribuidores, llevan casi un siglo haciéndonos disfrutar con sus inigualables creaciones.
Alfons XII, 26, 08006 Barcelona
Tel.: 93 415 52 79
www.bombones.net

Cacao Sampaka
En el corazón de Barcelona, este establecimiento seduce con sus bebidas de cacao, mousses, chocolates a la taza y una excelente selección de bombones.
Consell de Cent, 292 08007 Barcelona.
Tel.: 902 18 19 40.

Petit Plaisir
Un regalo para los sentidos... y para sus seres queridos. Qué mejor presente que una exquisita selección de bombones.
Ganduxer, 33 08021 Barcelona
Tel.: 93 414 41 93
Castelló, 12 28001 Madrid
Tel.: 915 773 467
www.petitplaisir.com

Museos

Museo del chocolate
José María Gay, 5 Astorga (León).
Tel. : 987 61 62 20.

Museu de la xocolata
Plaça Pons i Clerch, s/n Barcelona.
Tel. : 93 268 78 78.

Pasión por el chocolate
Título original: *Je veux du chocolat*

Agradecimientos

• A los profesionales Jean-Luc Champaud, Bruno Couret, Jean-François Langevin, Éric Hausser y Christian Vautier por haber contestado pacientemente a lo largo de los años a todas mis preguntas chocolateras.

• A Armelle, Clotilde, Corinne, Emmanuelle, Jane, Natalie, Marie-Louise Sibylle, Valérie y Virginie, convertidas en expertas chocolateras a su pesar y sin las cuales *Au Comptoir des Chefs* no habría sido posible.

• A Marie-Pierre y todo el equipo de Marabout por haber prolongado la aventura.

• A Katia, por la sesión de pintura.

• A mi comité de degustación de la ciudad.

• A Jacqueline y sus niños (mis disculpas por los kilos de más).

• A Coco, Tim y Tanguy, por haberme prestado sus paladares y los de sus amigos.

• Y, sobre todo y siempre, a Thierry: *Thanks for giving in.*

Tiendas y establecimientos:

Galerie Sentou, 18, rue du Pont Louis-Philippe, 75004 París, Tel. 01 42 77 44 79, por las páginas 59, 84 (bol), 87, 113, 143.

Kimonoya, 11, rue du Pont-Louis Philippe, 75004 París, Tel. 01 48 87 30 24, por las páginas 37, 39, 47, 71.

Jaune de chrome, 13, rue des Quatres-Vents, 75006 París, Tel. 01 40 46 99 20, por las páginas 35, 51, 65, 123 y 131.

Résonances, Bercy Village, 9 cour Saint-Émilion, 75012 París, Tel. 01 44 68 58 78, por las páginas 8, 19, 21 y 27 (cucharas de porcelana), 83.

Rice Krispies es una marca registrada de la compañía Kellog's. La reproducción de la marca Rice Krispies figura por cortesía de Kellog's.

Ref.: LPG-26
ISBN: 84-7871-132-5